BLOGGING DÉBUTANT

Le Guide Essentiel pour Lancer, Faire Croître et Développer Votre Blog

CLEMENTINE SINCLAIR

Table des matières :

Les Secrets de la Réussite d'un Blog

- Introduction : Bienvenue dans l'univers des blogs à succès
- Le secret de la passion authentique
- Le secret de la niche inexploitée
- Le secret de la constance stratégique
- Le secret de la connexion émotionnelle
- Le secret de l'adaptabilité
- Le secret de la qualité supérieure
- Le secret du réseau invisible
- Conclusion : La Réussite d'un Blog est un Voyage, pas une Destination

Les 7 Étapes pour Se Lancer en Blogging : Guide Pratique pour Débutants

- Introduction : Se Lancer en Blogging, un Parcours Accessible et Structuré
- Étape 1 : Choisir et configurer votre plateforme de blogging
- Étape 2 : Installer et personnaliser votre thème
- Étape 3 : Créer les pages essentielles de votre blog
- Étape 4 : Configurer votre navigation et votre structure de site
- Étape 5 : Installer et configurer les plugins essentiels
- Étape 6 : Préparer votre stratégie de

contenu initiale

Étape 7 : Rédiger et publier votre premier article

CONCLUSION

Pourquoi Votre Blog Ne Fonctionne Pas

INTRODUCTION

Chapitre 1 : Manque de cohérence dans la publication

Chapitre 2 : Contenu de faible qualité ou mal ciblé

Chapitre 3 : Design peu attrayant ou non professionnel

Chapitre 4 : Négligence du SEO on-page

Chapitre 5 : Manque d'engagement avec la communauté

Chapitre 6 : Absence de stratégie de promotion

Chapitre 7 : Problèmes techniques affectant les performances

CONCLUSION

Comment Générer du Trafic

Introduction : Comment Générer du Trafic : Techniques Ultimes pour Booster la Visibilité de Votre Blog

Maîtriser le SEO pour dominer les résultats de recherche

Exploiter le potentiel des réseaux sociaux

Développer une stratégie de marketing de contenu efficace

Tirer parti du marketing par e-mail

Utiliser le marketing d'influence pour élargir votre portée

Optimiser votre présence sur les plateformes de partage de contenu

Exploiter le potentiel du marketing de communauté

Conclusion : Atteindre des Sommets avec une Stratégie de Trafic Éprouvée

Créer du Contenu qui Convertit

Introduction

Chapitre 1 : Comprendre le parcours client de votre audience

Chapitre 2 : Maîtriser l'art du storytelling pour captiver vos lecteurs

Chapitre 3 : Créer du contenu adapté à chaque étape du funnel

Chapitre 4 : Optimiser vos appels à l'action (CTA)

Chapitre 5 : Utiliser la psychologie du contenu pour influencer les décisions

Chapitre 6 : Créer des lead magnets irrésistibles

Chapitre 7 : Mettre en place une stratégie de nurturing efficace

Conclusion : Maîtriser l'Art du Contenu qui Convertit

Copyright © 2024

Tous droits réservés.

Tous droits de reproduction, d'adaptation et de traduction, intégrale ou partielle réservés pour tous pays. L'auteur est seul propriétaire des droits et responsable du contenu de ce livre.

Le Code de la propriété intellectuelle interdit les copies ou reproductions destinées à une utilisation collective. Toute représentation ou reproduction intégrale ou partielle faite par quelque procédé que ce soit, sans le consentement de l'auteur ou de ses ayant droit ou ayant cause, est illicite et constitue une contrefaçon, aux termes des articles L.335-2 et suivants du Code de la propriété intellectuelle.

Les Secrets de la Réussite d'un Blog

Les Clés Cachées pour le Succès de Votre Blog

Introduction : Bienvenue dans l'univers des blogs à succès

Lancer un blog peut être une aventure exaltante, mais aussi intimidante. Dans un monde où des milliers de nouveaux sites apparaissent chaque jour, vous pourriez vous demander : Comment réussir à faire émerger mon blog parmi la multitude ? Ce livre est conçu pour vous aider à répondre à cette question en vous dévoilant les secrets essentiels qui feront la différence dans votre parcours.

Mais qu'est-ce qui distingue un blogueur qui réussit de celui qui abandonne après quelques mois ? Ce n'est pas simplement la chance, ni même uniquement le talent. La réussite repose sur des principes stratégiques, des décisions bien réfléchies, et une profonde connexion avec votre audience. Les blogs les plus influents sont construits sur des bases solides, façonnées par la passion, la discipline et l'adaptabilité. Ces ingrédients essentiels, lorsqu'ils sont maîtrisés, transforment un projet personnel en une véritable plateforme d'influence.

Dans cet ouvrage, nous vous emmènerons à travers un voyage en sept étapes, chaque secret représentant un pilier fondamental pour atteindre le succès durable dans le blogging. Vous découvrirez comment nourrir votre passion authentique, trouver une niche inexploitée, et créer une connexion émotionnelle avec votre audience. Nous explorerons également l'importance de la constance, de l'adaptabilité, de la qualité, et du réseau invisible qui opèrent souvent en coulisses.

Ces principes ne sont pas des théories abstraites ; ils sont basés sur des stratégies testées et approuvées par des blogueurs à succès. Si vous suivez ces clés cachées, vous pourrez non seulement lancer votre blog dans des conditions optimales, mais surtout, le maintenir sur le long terme et en faire une plateforme véritablement engageante et rentable.

Que vous soyez un novice désireux de commencer ou un blogueur débutant cherchant à avoir de l'impact, ce livre vous fournira des conseils pratiques et des outils concrets pour franchir chaque étape. La réussite d'un blog ne se mesure pas uniquement en termes de trafic ou de revenus, mais aussi en fonction de la façon dont il reflète vos valeurs et résonne avec votre audience.

Prêt à plonger dans les secrets de la réussite d'un blog ? Prenez des notes, mettez en pratique ces conseils et, surtout, restez fidèle à vous-même. C'est ainsi que votre blog trouvera non seulement son public, mais qu'il deviendra également une extension authentique de votre passion et de votre vision.

Le secret de la passion authentique

Le succès d'un blog repose avant tout sur une passion authentique, celle qui transcende les tendances éphémères et les motivations superficielles. Cette passion est le moteur qui vous pousse à persévérer même lorsque les résultats tardent à apparaître. Mais pour que cette passion soit réellement authentique et durable, il est essentiel de découvrir votre **"pourquoi" profond** et d'aligner votre blog avec vos **valeurs personnelles**.

Découvrir votre "pourquoi" profond

Derrière chaque blog influent se cache une raison puissante qui va bien au-delà du simple désir de gagner de l'argent ou d'obtenir de la reconnaissance. Votre "pourquoi" est la motivation profonde, parfois inconsciente, qui vous pousse à écrire, à partager et à vous connecter avec votre audience. Il est crucial de prendre le temps de réfléchir à cette question fondamentale : **Pourquoi voulez-vous vraiment lancer ce blog ?**

Pour certains, le "pourquoi" peut être lié à une expérience personnelle forte, à un savoir-faire qu'ils souhaitent partager, ou à une cause qu'ils veulent défendre. Pour d'autres, cela peut être un désir d'inspirer, de guider ou d'apporter une solution à un problème qu'ils ont eux-mêmes rencontré.

Prenez le temps d'explorer vos motivations profondes :

- Qu'est-ce qui vous inspire profondément ?
- Quelles expériences vous ont marqué au point de vouloir en parler ?
- Quelle est la mission que vous aimeriez accomplir à travers votre blog ?

Cette introspection est essentielle pour garantir que votre passion reste inaltérable, car un blog basé sur un "pourquoi" authentique ne sera pas abandonné au premier obstacle. Il devient une extension de qui vous êtes, et chaque mot que vous écrivez résonne alors avec plus de force auprès de votre audience.

Aligner votre blog avec vos valeurs personnelles

Une fois que vous avez découvert votre "pourquoi", l'étape suivante consiste à **aligner votre blog avec vos valeurs personnelles**. Ce n'est pas seulement une question de contenu, mais également de la manière dont vous approchez votre public, de vos choix de partenariat, et de la façon dont vous gérez les aspects éthiques de votre activité en ligne.

Vos valeurs personnelles sont le reflet de vos croyances, de vos priorités et de ce qui vous tient à cœur. Elles guideront chacune de vos décisions éditoriales et stratégiques. Un blog aligné avec vos valeurs sera non seulement plus authentique, mais il attirera également une audience qui partage ces mêmes convictions. Voici quelques pistes pour aligner votre blog avec vos valeurs :

1. **Choisissez des sujets qui vous passionnent vraiment** : Un contenu inspiré par vos propres intérêts et préoccupations personnelles sera toujours plus captivant. Si vous essayez de suivre des tendances qui ne vous parlent pas, vos lecteurs sentiront rapidement le manque d'authenticité.
2. **Soyez transparent avec votre audience** : Si l'intégrité et l'honnêteté sont des valeurs importantes pour vous, veillez à être transparent sur vos sources de revenus, comme les collaborations sponsorisées ou l'affiliation. L'honnêteté crée un lien de confiance qui renforce votre crédibilité.
3. **Définissez des limites éthiques pour vos partenariats** : Si vous tenez à des valeurs écologiques ou sociales, par exemple, vous

devez veiller à ne pas promouvoir des produits ou services qui contredisent ces convictions. Ce choix stratégique renforce la cohérence de votre image et de votre message.
4. **Soyez fidèle à votre voix** : Ne cherchez pas à imiter les autres blogueurs ou à adopter un ton qui ne correspond pas à votre personnalité. Votre voix unique est l'un des atouts les plus précieux que vous puissiez apporter à votre blog. C'est cette authenticité qui captivera votre audience et la fidélisera.

La force de la passion authentique dans la durée

Lorsque votre blog est en parfaite harmonie avec votre passion et vos valeurs, il devient plus qu'un simple projet ; il se transforme en une **plateforme d'expression authentique** qui vous permet de transmettre vos idées et d'avoir un impact réel. La passion authentique n'est pas une émotion passagère ; c'est une source inépuisable d'énergie qui vous permettra de rester constant, même quand les résultats immédiats ne sont pas au rendez-vous.

Cette passion devient également un puissant aimant pour attirer une communauté engagée. Les lecteurs, en particulier aujourd'hui, sont à la recherche de contenu sincère et d'auteurs qui partagent leur passion avec une authenticité indéniable. Un blog créé sur des bases authentiques, avec un "pourquoi" clair et des valeurs alignées, aura plus de chances de **résonner profondément avec son audience**, de se différencier dans un marché saturé, et d'établir des connexions durables.

Finalement, le secret de la passion authentique est simple : **soyez vous-même et osez partager ce qui vous tient vraiment à cœur**. C'est ce qui vous permettra de trouver votre place unique dans le monde des blogs, et surtout, de la garder sur le long terme.

Le secret de la niche inexploitée

L'un des plus grands défis lorsqu'on lance un blog est de trouver une **niche** qui non seulement vous passionne, mais qui vous permet aussi de vous démarquer dans un marché saturé. La clé réside dans l'identification d'une niche inexploitée, une zone spécifique de votre domaine où vous pouvez apporter une valeur unique. Comprendre ce concept est essentiel pour éviter de se fondre dans la masse des milliers de blogs existants.

Identifier les angles uniques dans votre domaine

Un domaine ou une thématique générale, comme la santé, la finance ou la mode, est souvent trop vaste pour se démarquer. Pour trouver une niche, il est nécessaire de creuser plus profondément et de **détecter des angles uniques** dans ce domaine. Voici quelques étapes concrètes pour y parvenir :

1. **Analysez les tendances actuelles** : Faites des recherches sur ce qui est déjà publié

dans votre domaine. Utilisez des outils comme Google Trends, les forums spécialisés, ou les réseaux sociaux pour identifier ce dont les gens parlent. Cherchez des sous-sujets qui émergent ou des problématiques spécifiques qui ne sont pas encore suffisamment traitées. Cela peut être un angle à explorer plus en détail.

2. **Examinez vos compétences et expériences personnelles** : Quelles sont vos forces uniques dans ce domaine ? Par exemple, si vous êtes passionné de cuisine, peut-être avez-vous une expertise spécifique en cuisine végétalienne pour les sportifs ou en recettes économiques pour les étudiants. Ce type de spécialisation, associé à votre expertise personnelle, vous aidera à cibler une niche précise.

3. **Identifiez les besoins non satisfaits** : Consultez les commentaires sur d'autres blogs, vidéos YouTube, ou réseaux sociaux dans votre domaine. Recherchez des questions récurrentes auxquelles les créateurs de contenu n'ont pas encore répondu. Si un groupe de personnes pose sans cesse les mêmes questions sans trouver de solutions satisfaisantes, cela peut être un signe que vous avez trouvé une niche inexploitée.

4. **Étudiez la concurrence** : Il ne s'agit pas de copier ce que font les autres, mais d'identifier les lacunes dans ce qu'ils offrent. Par exemple, si vous trouvez que la

majorité des blogs de fitness s'adressent aux jeunes adultes, mais qu'il y a peu de contenu destiné aux seniors, vous avez peut-être découvert un angle unique à explorer. L'idée est de trouver un **espace non exploité** où votre voix peut vraiment se faire entendre.
5. **Combinez plusieurs passions ou compétences** : Parfois, la meilleure façon de créer une niche unique est de **fusionner plusieurs de vos passions ou talents**. Par exemple, si vous êtes passionné par la technologie et par l'art, un blog qui explore les innovations technologiques dans le monde de l'art pourrait attirer un public spécifique et très engagé. En combinant des intérêts qui semblent distincts, vous pouvez créer quelque chose de nouveau et de distinct.

Créer une proposition de valeur irrésistible

Une fois que vous avez identifié votre niche inexploitée, il est crucial de définir clairement **la proposition de valeur** que vous allez offrir à votre audience. Votre proposition de valeur doit répondre à une question essentielle : **Pourquoi les lecteurs devraient-ils venir sur votre blog plutôt que sur un autre ?**

Pour créer une proposition de valeur irrésistible, vous devez répondre à trois éléments clés :

1. **Résoudre un problème spécifique** : Votre blog doit répondre à un besoin précis ou résoudre un problème récurrent pour votre audience cible. Par exemple, si votre blog traite de la gestion financière pour les jeunes parents, votre proposition de valeur pourrait être : "Apprenez à épargner intelligemment et à gérer vos finances tout en jonglant avec les responsabilités familiales." L'idée est de cibler un problème spécifique auquel peu d'autres blogs apportent une solution détaillée.
2. **Apporter une perspective unique** : Même si vous vous attaquez à un problème courant, votre manière d'aborder le sujet doit se démarquer. Utilisez votre expérience, vos anecdotes, ou des méthodologies innovantes pour offrir une perspective nouvelle. Votre histoire personnelle, votre ton, ou votre façon d'expliquer les concepts complexes peuvent devenir un facteur différenciant important. Par exemple, si vous créez un blog sur le développement personnel, votre expérience en tant que psychologue ou coach pourrait vous permettre de proposer des outils pratiques peu abordés par d'autres créateurs.
3. **Offrir des bénéfices clairs et immédiats** : Vos lecteurs doivent comprendre rapidement les bénéfices qu'ils vont retirer de votre contenu. Une proposition de valeur efficace est souvent tangible et immédiate.

Par exemple, si votre blog propose des conseils pour améliorer la productivité des entrepreneurs, un bon argument pourrait être : "Optimisez vos journées et doublez votre productivité avec des stratégies concrètes testées par des entrepreneurs à succès." Vous promettez ici un bénéfice direct et mesurable.

La niche comme levier de différenciation

Un blog généraliste peut parfois attirer un large public, mais il devient difficile de se différencier parmi une mer de contenu similaire. En ciblant une niche inexploitée, vous vous positionnez comme une **référence** dans ce domaine spécifique. Votre audience vous reconnaîtra comme l'expert d'un sujet précis, ce qui facilite la fidélisation et renforce votre crédibilité.

Le choix d'une niche bien définie permet aussi de créer du contenu plus pertinent, car vous parlez directement à un groupe de personnes ayant des besoins particuliers. Cela vous donne également la possibilité de créer des **produits ou services spécifiques** qui répondent à ces besoins, comme des guides, des formations en ligne, ou des consultations, vous permettant ainsi de monétiser votre blog plus rapidement.

Un exemple concret : Du général au spécifique

Imaginons que vous souhaitiez lancer un blog dans le domaine du bien-être. Un blog généraliste sur ce sujet pourrait se perdre dans la masse, mais si vous décidez de vous spécialiser dans le bien-être pour les travailleurs indépendants, vous avez déjà un angle plus ciblé. En affinant encore davantage, vous pourriez choisir une niche encore plus spécifique, comme la **gestion du stress chez les freelancers dans les métiers créatifs**. Ici, vous résolvez des problèmes spécifiques pour une audience qui partage des défis particuliers, créant ainsi une connexion plus profonde.

Le secret d'une niche inexploitée est la combinaison de la spécialisation et de l'audace. Trouver votre angle unique demande de la recherche et de l'observation, mais c'est un effort qui porte ses fruits à long terme. Une niche bien choisie vous permet de bâtir un blog non seulement visible, mais aussi mémorable, en apportant une valeur réelle à un groupe spécifique de personnes. En trouvant votre propre espace à explorer et en offrant une proposition de valeur irrésistible, vous posez les fondations solides pour un blog qui a le potentiel de croître et de prospérer dans un environnement compétitif.

Le secret de la constance stratégique

Le succès d'un blog repose en grande partie sur la **constance**. Pour attirer, fidéliser et engager votre audience, vous devez publier régulièrement et de manière prévisible. La constance n'est pas seulement une question de fréquence, mais aussi de qualité et de pertinence du contenu. Développer une stratégie de publication durable et établir des **habitudes de blogging ancrées dans votre routine quotidienne** vous permettront de rester productif sans vous épuiser.

Développer un système de publication durable

La clé pour réussir à publier de manière régulière réside dans la mise en place d'un **système bien structuré** qui vous permettra de tenir le rythme sur le long terme. Voici quelques étapes concrètes pour développer un système de publication durable :

1. **Fixez un calendrier éditorial réaliste** : Un calendrier éditorial est un outil

indispensable pour organiser vos publications. Il vous permet de planifier à l'avance les sujets que vous allez aborder, les dates de publication, et les étapes de création de chaque contenu. Choisissez un rythme de publication que vous pouvez maintenir de manière constante, que ce soit une fois par semaine ou tous les quinze jours. L'important est que ce rythme soit **réaliste** en fonction de vos autres engagements et de votre capacité de production.

2. **Priorisez la qualité plutôt que la quantité** : Il peut être tentant de publier aussi souvent que possible, mais cela peut nuire à la qualité de vos articles. Plutôt que de chercher à publier tous les jours, concentrez-vous sur des contenus de grande valeur qui répondent aux besoins de votre audience. Une publication hebdomadaire bien réfléchie sera toujours plus impactante que plusieurs articles bâclés. En vous concentrant sur la qualité, vous créerez un **engagement à long terme** avec vos lecteurs.

3. **Créez des processus de production efficaces** : Décomposez le processus de création de contenu en étapes claires et organisées pour optimiser votre temps. Par exemple, divisez votre semaine en différentes phases : un jour pour la recherche de contenu, un autre pour la rédaction, puis un autre pour l'édition et la

mise en ligne. Cela vous permettra de **gagner en efficacité** et de mieux gérer votre temps sans vous laisser submerger par les différentes tâches liées à la publication d'un article.

4. **Automatisez certaines tâches** : Utilisez des outils d'automatisation pour simplifier certaines étapes répétitives, comme la publication automatique sur les réseaux sociaux ou l'envoi d'e-mails de newsletters. Les plateformes comme Buffer ou Hootsuite peuvent vous permettre de programmer vos publications à l'avance, tandis que des outils comme Grammarly ou Hemingway peuvent vous aider à affiner votre écriture. En automatisant ces tâches, vous libérez du temps pour vous concentrer sur ce qui compte vraiment : la création de contenu.

5. **Batching : Produire du contenu en lots** : Le "batching" consiste à regrouper des tâches similaires pour les accomplir en une seule session. Par exemple, vous pouvez décider d'écrire plusieurs articles à la fois lorsque vous êtes dans un flux créatif, puis de les programmer pour les publier à intervalles réguliers. Cette approche vous permet d'être plus productif, de mieux organiser votre temps, et d'éviter le stress des **délais de dernière minute**.

Créer des habitudes de blogging ancrées dans votre routine quotidienne

Pour maintenir une constance dans la durée, il est essentiel d'intégrer le blogging dans votre routine quotidienne. Transformer le blogging en une habitude vous permettra d'éviter la procrastination et d'assurer une production régulière de contenu, même lorsque vous êtes confronté à d'autres priorités. Voici comment ancrer cette pratique dans votre quotidien :

1. **Définissez des créneaux dédiés au blogging** : L'un des meilleurs moyens d'ancrer une habitude est de **l'intégrer à une routine existante**. Par exemple, si vous avez l'habitude de travailler sur votre blog le matin, réservez un créneau horaire fixe chaque jour ou chaque semaine pour vous y consacrer. Bloquez ce temps dans votre agenda et considérez-le comme un rendez-vous inamovible. La régularité est cruciale pour transformer le blogging en un réflexe naturel.
2. **Fixez des objectifs journaliers ou hebdomadaires** : Pour rester motivé, définissez des objectifs concrets. Par exemple, vous pourriez vous fixer comme objectif d'écrire 500 mots par jour ou de publier deux articles par mois. Ces objectifs doivent être **atteignables** et mesurables.

En vous fixant des petits jalons, vous verrez des progrès réguliers, ce qui renforcera votre motivation et facilitera l'ancrage de cette habitude dans votre routine.
3. **Créez des rituels créatifs** : Pour faciliter votre entrée dans un état créatif, développez des rituels autour de votre session de blogging. Par exemple, vous pourriez commencer chaque session par dix minutes de lecture ou de recherche sur votre sujet, ou vous préparer une tasse de café avant de commencer à écrire. Ces **rituels** signalent à votre cerveau qu'il est temps de se concentrer, ce qui vous permet de rentrer plus facilement dans le flux de travail.
4. **Surmontez les blocages créatifs** : Les jours où l'inspiration manque, n'abandonnez pas pour autant. Vous pouvez contourner ces blocages en vous consacrant à d'autres tâches liées à votre blog, comme l'optimisation SEO, la relecture ou la mise à jour d'anciens articles. Cela vous permet de **garder le momentum**, même si vous ne produisez pas de nouveau contenu ce jour-là. Éviter l'inactivité totale est essentiel pour maintenir la constance dans le temps.
5. **Utilisez la technique Pomodoro** : Si vous avez du mal à rester concentré longtemps, la méthode Pomodoro peut vous aider. Cette technique consiste à travailler en sessions courtes de 25 minutes, suivies de

cinq minutes de pause. Après quatre sessions, prenez une pause plus longue. Ce système aide à maintenir une **attention soutenue** tout en réduisant la fatigue mentale.

Adaptez votre système à votre rythme de vie

La constance ne signifie pas que vous devez toujours produire au même rythme. Votre blog doit s'adapter à votre **rythme de vie**. Par exemple, lors de périodes chargées ou de vacances, vous pouvez ajuster la fréquence de vos publications tout en maintenant un minimum de régularité. Si vous savez que vous aurez une période moins productive, préparez des articles à l'avance et programmez-les pour les publier automatiquement. Cela vous permet de rester constant aux yeux de votre audience, même lorsque vous prenez du recul.

Mesurez et ajustez

Il est important de mesurer régulièrement l'efficacité de votre système de publication et de vos habitudes de blogging. Utilisez des outils comme Google Analytics pour analyser les pics d'audience et identifier quels types de contenus génèrent le plus d'engagement. Si vous remarquez que certaines périodes ou certains formats fonctionnent mieux, ajustez votre système de publication en conséquence. **Adaptez-vous** sans compromettre la qualité ni la fréquence de vos publications. Un système durable doit pouvoir évoluer.

La constance stratégique est l'un des piliers essentiels pour bâtir un blog réussi sur le long terme. En développant un système de publication durable et en ancrant des habitudes de blogging dans votre routine quotidienne, vous créez les conditions idéales pour publier régulièrement sans stress ni épuisement. Un blog prospère n'est pas le résultat d'une inspiration soudaine, mais d'une stratégie réfléchie et d'une discipline à toute épreuve. En restant constant, vous renforcez votre autorité, fidélisez votre audience, et bâtissez une **présence durable** dans votre domaine.

Le secret de la connexion émotionnelle

Pour qu'un blog se démarque et perdure, il ne suffit pas de produire du contenu informatif. La véritable clé du succès réside dans la capacité à établir une **connexion émotionnelle** avec son audience. En maîtrisant l'art du storytelling personnel et en créant une communauté engagée, vous transformerez de simples lecteurs en véritables ambassadeurs de votre blog. Cette connexion authentique repose sur la capacité à raconter des histoires qui résonnent avec les expériences, les désirs et les défis de vos lecteurs.

Maîtriser l'art du storytelling personnel

Le storytelling personnel est une technique puissante qui permet de transformer un contenu ordinaire en une **expérience immersive**. En racontant votre propre histoire, vous humanisez votre blog, créez un lien de proximité avec vos lecteurs et leur donnez une raison émotionnelle de revenir.

1. **Soyez vulnérable et authentique** : Pour captiver vos lecteurs, vous devez vous montrer sincère et authentique. Partagez vos réussites, mais aussi vos échecs, vos doutes et vos défis. Les gens s'identifient davantage aux imperfections et aux luttes qu'aux succès lisses. Par exemple, si vous avez créé un blog sur le développement personnel, racontez un moment où vous avez fait face à une difficulté, comment vous l'avez surmontée, et ce que vous en avez appris. Cette authenticité crée une **relation de confiance** avec vos lecteurs, car ils se sentiront compris et moins seuls dans leurs propres expériences.
2. **Intégrez des anecdotes dans vos articles** : Les histoires rendent les idées abstraites plus concrètes et plus faciles à comprendre. Lorsque vous traitez un sujet technique ou complexe, prenez l'habitude d'inclure des anecdotes personnelles pour illustrer vos propos. Par exemple, si vous tenez un blog sur le marketing digital, vous pourriez expliquer comment une campagne que vous avez lancée n'a pas atteint ses objectifs, et comment vous avez ajusté votre stratégie pour obtenir de meilleurs résultats. Ces récits rendent le contenu plus vivant et plus **mémorable** pour vos lecteurs.
3. **Utilisez la structure narrative classique** : Pour que votre storytelling soit efficace, suivez une structure narrative claire. Une

bonne histoire comporte une introduction (où vous plantez le décor et introduisez le défi), un développement (où vous décrivez les obstacles rencontrés), un dénouement (où vous exposez comment le problème a été résolu), et une conclusion (où vous partagez les leçons apprises). Cette structure aide à **captiver** l'attention de vos lecteurs et les incite à continuer la lecture jusqu'au bout.
4. **Faites appel aux émotions** : L'émotion est un puissant levier pour créer des connexions durables. N'ayez pas peur de montrer vos émotions et de solliciter celles de vos lecteurs. Qu'il s'agisse de joie, de tristesse, de frustration ou d'espoir, vos lecteurs doivent **ressentir** quelque chose lorsqu'ils lisent votre contenu. Plus ils se sentent émotionnellement impliqués, plus ils seront enclins à partager votre contenu et à revenir.
5. **Créez des personnages auxquels votre audience peut s'identifier** : Même si vous parlez de vous, faites en sorte que votre histoire soit universelle. Les lecteurs doivent pouvoir s'identifier à votre parcours et voir en vous un reflet de leurs propres expériences. Vous pouvez également intégrer des récits de lecteurs ou de clients pour varier les points de vue. En leur donnant une place dans vos histoires, vous les impliquez davantage dans votre univers, créant ainsi une **relation de proximité**.

Créer une communauté engagée autour de votre blog

La connexion émotionnelle ne se limite pas à raconter votre histoire ; elle doit s'étendre à la création d'une communauté engagée qui se sent **impliquée** et **reconnue**. Un blog véritablement réussi ne se construit pas en solitaire, mais avec une audience qui devient une partie intégrante de l'aventure.

1. **Encouragez les interactions** : Une communauté commence par des échanges. À la fin de chaque article, posez des questions à vos lecteurs, invitez-les à partager leurs avis ou expériences en commentaires. Répondez à chaque commentaire de manière personnalisée et respectueuse. Ces interactions montrent à vos lecteurs que vous valorisez leur participation et que vous êtes **à l'écoute**. Plus les lecteurs se sentent entendus, plus ils seront enclins à s'investir dans votre blog.
2. **Créez des espaces de discussion dédiés** : Au-delà des commentaires, envisagez de créer un groupe Facebook, un forum ou une newsletter exclusive où vos lecteurs peuvent échanger entre eux. Ces espaces sont des lieux où votre communauté peut **se rassembler**, poser des questions, partager des idées ou simplement se soutenir. En créant des moments

d'échanges entre vos lecteurs, vous les aidez à se sentir partie prenante d'une **tribu** avec des valeurs et des intérêts communs.
3. **Faites participer votre audience** : Pour engager encore plus votre communauté, impliquez-la dans votre processus créatif. Demandez à vos lecteurs quels sujets ils aimeraient que vous abordiez, organisez des sondages, ou invitez-les à partager leurs témoignages ou conseils dans vos articles. Plus vous incluez vos lecteurs dans vos décisions, plus ils se sentiront **valorisés** et investis dans le succès de votre blog.
4. **Offrez du contenu exclusif** : Un autre moyen de renforcer l'engagement est d'offrir à votre communauté du contenu **exclusif**. Cela peut être des articles réservés aux abonnés, des ebooks gratuits, des webinaires ou des ateliers en ligne. Ce contenu exclusif crée un sentiment de privilège chez vos lecteurs les plus fidèles et les incite à rester engagés sur le long terme.
5. **Organisez des événements ou des challenges** : Pour dynamiser votre communauté, organisez des événements en ligne ou des challenges liés à la thématique de votre blog. Par exemple, si vous avez un blog sur la productivité, vous pourriez lancer un challenge de 30 jours pour améliorer sa gestion du temps, avec

des étapes à suivre chaque jour et des échanges de résultats entre participants. Ce type d'initiatives crée une **dynamique collective** et motive les participants à s'entraider, renforçant ainsi les liens au sein de la communauté.
6. **Valorisez vos lecteurs** : Mettez en avant vos lecteurs fidèles. Que ce soit par des témoignages, des interviews ou simplement en les mentionnant dans vos articles, montrez-leur que leur implication compte. En valorisant les membres actifs de votre communauté, vous encouragez les autres à s'engager davantage. Ces gestes de reconnaissance créent un **sentiment d'appartenance** et incitent vos lecteurs à faire partie de l'histoire de votre blog.
7. **Créez une relation à long terme** : La connexion émotionnelle et la communauté se construisent dans le temps. Continuez à entretenir cette relation en étant **régulier** dans vos interactions, en proposant toujours du contenu pertinent, et en restant disponible pour vos lecteurs. Faites en sorte que votre communauté sente que vous évoluez avec eux, que vous les écoutez, et que vous êtes là pour les accompagner sur le long terme.

La connexion émotionnelle, renforcée par un storytelling authentique et l'engagement communautaire, est un levier puissant pour bâtir un blog à succès. En maîtrisant l'art de raconter votre histoire tout en écoutant celle de vos lecteurs, vous créez une véritable synergie qui transcende le simple contenu informatif. Vos lecteurs se sentent non seulement impliqués, mais également **valorisés** et **reconnus** dans votre aventure. Cette connexion humaine devient le cœur de votre blog et constitue un atout précieux pour son succès à long terme.

Le secret de l'adaptabilité

L'adaptabilité est une qualité cruciale pour réussir dans le monde du blogging. Les tendances évoluent rapidement, les technologies changent, et les attentes de l'audience se transforment. Pour que votre blog reste pertinent, vous devez être prêt à ajuster votre stratégie tout en conservant l'essence de ce qui rend votre projet unique. **Rester à l'affût des tendances émergentes** et savoir **pivoter stratégiquement** sont les clés d'une évolution harmonieuse qui préserve l'authenticité de votre contenu tout en répondant aux besoins changeants de votre audience.

Rester à l'affût des tendances émergentes

Pour qu'un blog conserve sa fraîcheur et continue à attirer du trafic, il est indispensable de **surveiller les tendances** et d'anticiper les évolutions dans votre domaine. Être proactif dans la détection des nouvelles directions vous permet de **prendre de l'avance sur la concurrence** et de proposer du contenu pertinent qui résonne avec les attentes de vos lecteurs.

1. **Utilisez les outils de veille** : Pour rester informé des tendances émergentes, vous devez vous outiller correctement. Utilisez des plateformes comme **Google Trends**, **BuzzSumo**, ou encore **Feedly** pour surveiller les sujets qui gagnent en popularité dans votre niche. Ces outils vous aident à identifier les sujets en plein essor avant qu'ils n'atteignent leur pic, vous donnant ainsi l'opportunité de produire du contenu innovant et pertinent.
2. **Abonnez-vous aux blogs influents et aux newsletters** : Une manière efficace de suivre les tendances est de vous inscrire aux newsletters des leaders de votre industrie et de lire les blogs influents dans votre domaine. Non seulement cela vous permet de découvrir de nouvelles idées, mais cela vous aide également à **comprendre les sujets qui intéressent les experts**. En parallèle, participez aux conversations dans les groupes et forums en ligne pour détecter les besoins non satisfaits de votre communauté.
3. **Surveillez les réseaux sociaux** : Les réseaux sociaux sont souvent le premier endroit où émergent de nouvelles tendances. Suivez les influenceurs et les hashtags clés dans votre domaine sur des plateformes comme **Instagram**, **Twitter**,

LinkedIn, ou **TikTok** selon votre niche. Soyez attentif aux discussions populaires et aux sujets qui captent l'attention des utilisateurs. Les commentaires, réactions et partages vous offrent une précieuse **fenêtre sur les attentes de votre audience**.

4. **Testez de nouveaux formats** : Au-delà du contenu, les tendances influencent également les formats de communication. Par exemple, les podcasts, les vidéos courtes, ou encore les infographies peuvent connaître un grand succès. Essayez différents formats pour voir lesquels trouvent un écho auprès de votre audience et adaptent votre contenu en conséquence. **L'expérimentation** vous permet de rester à jour tout en apportant de la diversité dans votre approche.

5. **Participez à des événements et des conférences** : En participant à des conférences, webinaires, ou ateliers dans votre secteur, vous pourrez découvrir les nouvelles tendances directement auprès des experts et des professionnels. Cela vous permet non seulement de rester informé, mais aussi d'échanger avec d'autres créateurs de contenu qui pourraient partager des **idées innovantes** ou des points de vue différents.

Pivoter stratégiquement sans perdre votre essence

L'adaptabilité ne consiste pas simplement à suivre les tendances, mais à **savoir quand et comment ajuster votre stratégie** tout en préservant l'identité de votre blog. Il est facile de se perdre en essayant d'adopter toutes les nouveautés, mais l'objectif est de rester fidèle à vos valeurs et à votre vision tout en intégrant des changements qui renforcent votre message.

1. **Analysez régulièrement vos performances** : Avant de pivoter, il est essentiel de faire un bilan de ce qui fonctionne et de ce qui doit être ajusté. Utilisez des outils d'analyse comme **Google Analytics** pour suivre les performances de vos articles, le comportement de vos lecteurs, et les tendances de votre trafic. Cette analyse vous aidera à identifier les contenus ou stratégies à **optimiser**, ainsi que les aspects qui pourraient nécessiter un changement.
2. **Identifiez les besoins de votre audience** : Lorsque vous envisagez un pivot stratégique, prenez toujours en compte les **besoins de votre audience**. Si vous réalisez que les attentes de vos lecteurs ont évolué ou que leurs intérêts ont changé, ajustez votre contenu en conséquence tout

en restant aligné avec votre mission initiale. Par exemple, si votre blog se concentre sur la productivité et que vous remarquez une augmentation de l'intérêt pour les outils numériques, vous pouvez progressivement inclure des articles ou des tests de logiciels dans votre stratégie éditoriale, tout en conservant votre objectif principal : améliorer l'efficacité de vos lecteurs.

3. **Testez de petits changements avant un pivot majeur** : Si vous n'êtes pas sûr de la direction à prendre, commencez par **tester** des modifications à petite échelle. Publiez quelques articles ou contenus dans le nouveau format ou sur le nouveau sujet pour voir comment votre audience réagit. En fonction des retours, vous pourrez ensuite décider si vous voulez étendre cette nouvelle approche. Ce type d'itération progressive vous permet de pivoter de manière **informée** et **contrôlée**.

4. **Restez cohérent avec votre mission** : Tout en explorant de nouvelles opportunités, veillez à rester cohérent avec la mission de votre blog. Votre audience vous suit pour une raison précise ; il est donc important de ne pas diluer votre message en essayant d'adopter toutes les tendances. Gardez à l'esprit que l'adaptabilité consiste à **intégrer de nouveaux éléments qui enrichissent votre message de base**, plutôt que de changer totalement de direction.

5. **Communiquez avec votre audience** : Si vous décidez de pivoter vers une nouvelle direction ou de changer certains aspects de votre blog, n'hésitez pas à **impliquer votre communauté** dans le processus. Expliquez pourquoi vous apportez ces changements et comment ils apporteront de la valeur ajoutée à votre contenu. En étant transparent avec vos lecteurs, vous les rassurez et vous renforcez leur **sentiment d'appartenance** à votre projet.
6. **Anticipez les changements technologiques** : L'adaptabilité implique également de rester à l'affût des **innovations technologiques** qui peuvent influencer la façon dont les gens consomment le contenu. Par exemple, l'essor de la recherche vocale ou l'importance croissante de l'intelligence artificielle dans les outils de création de contenu. Être attentif à ces évolutions vous permettra de **préparer votre blog à l'avenir** et de rester compétitif sur le long terme.
7. **Ayez une vision à long terme** : Un pivot ne doit jamais être une réaction impulsive à une tendance éphémère. Prenez du recul et réfléchissez à la manière dont chaque changement s'inscrit dans votre **vision globale** pour votre blog. Chaque ajustement doit avoir un impact positif à long terme, vous rapprocher de vos

objectifs et permettre de **faire évoluer votre projet** de manière cohérente.

Savoir s'adapter aux tendances et aux changements sans perdre l'essence de votre blog est un art délicat, mais essentiel à la réussite à long terme. L'adaptabilité vous permet de rester pertinent et en phase avec les attentes de votre audience, tout en vous ouvrant de nouvelles opportunités. Cependant, chaque évolution doit être réfléchie et alignée avec votre mission première. En gardant cette **équilibre entre innovation et authenticité**, vous assurez la pérennité de votre blog, capable d'évoluer avec son temps tout en restant fidèle à ce qui le rend unique.

Le secret de la qualité supérieure

La qualité supérieure n'est pas une simple aspiration ; c'est une exigence continue pour établir la crédibilité et garantir la croissance de votre blog. **Surpasser systématiquement les attentes de votre audience** et **investir dans votre développement personnel et professionnel** sont les piliers qui vous permettront de transformer un blog ordinaire en une référence dans votre domaine. La quête de qualité ne se limite pas à la présentation de vos articles, elle englobe votre capacité à évoluer, à apprendre et à offrir une valeur exceptionnelle à chaque interaction.

Surpasser systématiquement les attentes de votre audience

Un blog qui se distingue par la qualité dépasse les standards habituels en anticipant et en répondant aux besoins de son audience de manière inattendue. Cela nécessite une **approche proactive** et une attention minutieuse aux détails pour offrir un contenu non seulement informatif, mais aussi mémorable.

1. **Offrez des contenus approfondis et bien documentés** : La première étape pour surpasser les attentes de votre audience est de **fournir un contenu d'une grande profondeur**. Cela signifie aller au-delà des informations superficielles pour proposer des analyses détaillées, des statistiques vérifiées et des recherches rigoureuses. Vos lecteurs doivent sentir qu'ils reçoivent plus que ce qu'ils attendaient. Par exemple, si vous rédigez un article sur les tendances du marketing digital, incluez des études de cas récentes, des témoignages d'experts ou des exemples concrets qui renforcent vos arguments.
2. **Personnalisez l'expérience de vos lecteurs** : Créez une connexion plus intime en **personnalisant l'expérience utilisateur**. Utilisez des outils comme des sondages ou des quiz pour mieux comprendre leurs besoins, et adaptez vos contenus en fonction des préférences de votre audience. Par exemple, vous pourriez segmenter votre newsletter pour envoyer des articles spécifiques aux sous-groupes de lecteurs ayant des intérêts particuliers, augmentant ainsi la pertinence et l'impact de vos envois.
3. **Proposez des ressources exclusives** : Une manière efficace de dépasser les

attentes est d'offrir à votre audience des **ressources exclusives**, accessibles uniquement via votre blog ou votre newsletter. Cela peut être des guides pratiques, des eBooks, des modèles de documents ou des outils que vos lecteurs peuvent utiliser pour résoudre leurs problèmes. En créant ces ressources supplémentaires, vous leur démontrez que vous allez au-delà de ce qu'ils espèrent, en leur fournissant un contenu qui a une **valeur ajoutée immédiate**.
4. **Soignez l'expérience utilisateur** : Au-delà du contenu, l'**expérience utilisateur** (UX) de votre blog est cruciale pour laisser une impression durable. Assurez-vous que votre site est rapide, réactif et facile à naviguer. Utilisez un design clair et intuitif, optimisé pour tous les appareils. Un site qui charge rapidement, où l'information est facilement accessible, et qui ne noie pas le lecteur dans des distractions inutiles, vous distingue rapidement de la concurrence.
5. **Anticipez les questions et les problèmes** : Lorsque vous rédigez un article ou créez du contenu, essayez de **prévoir les questions** que vos lecteurs pourraient se poser et répondez-y de manière proactive. Par exemple, si vous proposez un tutoriel, anticipez les points de blocage potentiels et intégrez des FAQ, des astuces ou des vidéos explicatives pour clarifier les sections plus complexes. Anticiper les

besoins et problèmes de votre audience montre que vous êtes attentif à leurs préoccupations, ce qui améliore leur expérience.
6. **Engagez votre audience dans des discussions de qualité** : La qualité supérieure n'est pas uniquement unilatérale. Incitez vos lecteurs à s'engager dans des **discussions riches** et à donner leur avis. Répondez à leurs commentaires de manière personnalisée et engageante, ce qui renforce la relation que vous avez avec eux et montre que vous appréciez leur temps et leurs idées. Cette interaction crée une **valeur perçue** plus forte et fidélise votre audience.

Investir dans votre développement personnel et professionnel

La quête de la qualité supérieure exige également un investissement constant dans votre **développement personnel et professionnel**. Il s'agit de perfectionner vos compétences, d'explorer de nouvelles approches et de rester au courant des avancées dans votre domaine. En vous améliorant continuellement, vous renforcez la valeur que vous apportez à votre audience.

1. **Continuez à apprendre et à vous former** : Le blogging est un domaine en constante évolution, et pour rester au sommet, vous devez vous engager dans un **apprentissage continu**. Participez à des formations en ligne, suivez des webinaires ou inscrivez-vous à des cours spécialisés dans votre domaine pour enrichir vos compétences. Des plateformes comme **Coursera**, **Udemy**, ou **LinkedIn Learning** offrent des cours qui peuvent vous aider à affiner vos compétences en rédaction, en SEO, en marketing digital, ou en gestion de communauté.
2. **Développez des compétences transversales** : Le succès d'un blog ne repose pas uniquement sur la qualité de l'écriture. En tant que blogueur, vous devez également **développer des compétences dans des domaines variés** tels que la gestion de projet, le marketing numérique, le graphisme, ou encore la psychologie des lecteurs. Cela vous permettra d'avoir une approche plus holistique et d'offrir un blog complet, tant dans le fond que dans la forme.
3. **Tenez-vous au courant des nouvelles technologies** : Le monde du numérique évolue rapidement. Des **nouvelles technologies** et outils émergent constamment pour aider les blogueurs à optimiser leur contenu, améliorer leur SEO ou créer des designs plus attractifs.

Investissez dans ces technologies pour offrir à votre audience une expérience de qualité supérieure. Par exemple, en maîtrisant l'**intelligence artificielle**, vous pouvez automatiser certaines tâches tout en consacrant plus de temps à l'élaboration de contenus enrichis.

4. **Travaillez sur votre état d'esprit** : Votre réussite en tant que blogueur repose aussi sur votre état d'esprit. Un **mental fort et positif** est essentiel pour surmonter les obstacles et les périodes de doute. Prenez le temps de travailler sur vous-même à travers des pratiques comme la **méditation**, le **coaching personnel** ou des lectures inspirantes qui vous aideront à rester motivé et engagé sur le long terme.

5. **Cultivez des relations professionnelles** : Investir dans votre développement professionnel inclut également la création d'un **réseau solide**. Établissez des liens avec des blogueurs expérimentés, des experts de votre domaine ou des mentors qui pourront vous conseiller et vous aider à progresser. Participer à des conférences ou à des événements professionnels vous permettra de **tisser des partenariats** et d'accéder à des opportunités qui vous feront grandir en tant que créateur de contenu.

6. **Fixez-vous des objectifs de progression** : Le développement personnel et professionnel doit être **structuré autour**

d'objectifs clairs et mesurables. Fixez-vous des objectifs à court, moyen et long terme pour évaluer vos progrès. Par exemple, vous pourriez viser à améliorer vos compétences en SEO sur une période donnée, à augmenter votre taux d'engagement, ou à diversifier vos formats de contenu. Chaque étape atteinte renforce votre expertise et la qualité que vous apportez à votre audience.
7. **Prenez soin de votre bien-être** : Enfin, pour être capable d'offrir une qualité constante et de continuer à investir dans votre développement, vous devez prendre soin de votre **bien-être physique et mental**. Le blogging peut parfois être exigeant, et il est important de **maintenir un équilibre sain** entre votre vie professionnelle et personnelle. Prenez des pauses, accordez-vous du temps pour vous ressourcer, et assurez-vous que votre passion ne se transforme pas en burn-out.

Atteindre la qualité supérieure dans le blogging est un processus dynamique qui demande une attention continue à la fois à votre audience et à vous-même. En vous engageant à toujours surpasser les attentes de vos lecteurs et en investissant dans votre développement personnel et professionnel, vous construisez un blog solide et durable. La qualité ne doit jamais être perçue comme un objectif unique, mais comme un **engagement continu** qui vous pousse à évoluer en tant que créateur et à offrir une valeur constante à votre communauté.

Le secret du réseau invisible

Le succès d'un blog ne repose pas uniquement sur la qualité du contenu ou l'authenticité de la voix que vous y exprimez. Derrière chaque projet prospère se cache souvent un **réseau invisible**, un ensemble de relations stratégiques qui, bien qu'invisibles aux yeux de votre audience, jouent un rôle essentiel dans l'évolution et la pérennité de votre blog. **Cultiver des relations stratégiques dans les coulisses** et **tirer parti du pouvoir des mentors et des collaborateurs clés** sont des pratiques incontournables pour accélérer votre progression et atteindre de nouveaux sommets.

Cultiver des relations stratégiques dans les coulisses

Les relations stratégiques se construisent souvent en dehors du regard public, mais elles sont indispensables pour créer des opportunités, bénéficier de conseils avisés et étendre votre influence. Ces alliances ne se développent pas par hasard, mais par une démarche proactive et réfléchie.

1. **Identifiez les acteurs clés de votre secteur** : Avant de nouer des relations stratégiques, il est essentiel d'**identifier les personnes influentes** dans votre domaine. Il peut s'agir d'autres blogueurs, d'experts, de créateurs de contenu, de marques ou même de vos lecteurs les plus engagés. Faites des recherches approfondies pour repérer les personnes ou les organisations dont la vision et les valeurs s'alignent avec les vôtres. Par exemple, si vous bloguez sur la nutrition, un partenariat avec un nutritionniste ou un influenceur dans ce secteur peut renforcer votre crédibilité et attirer une nouvelle audience.
2. **Participez activement à la communauté** : Pour cultiver des relations, il est primordial de **vous impliquer dans votre communauté**. Rejoignez des forums, des groupes de discussion en ligne, et assistez à des événements ou webinaires en lien avec votre niche. Ne vous contentez pas de suivre les leaders d'opinion ; engagez-vous avec eux en laissant des commentaires pertinents, en partageant leurs articles et en participant aux conversations. Ce type d'implication vous permet de vous faire remarquer tout en établissant des liens solides.

3. **Offrez de la valeur avant de demander** : Un principe fondamental du réseautage est de **donner avant de recevoir**. Proposez votre aide, vos compétences ou des informations précieuses sans attendre immédiatement quelque chose en retour. Par exemple, vous pouvez rédiger un article invité pour un blog reconnu, offrir un feedback constructif ou partager des ressources utiles. En créant cette dynamique de générosité, vous construirez des relations de confiance sur le long terme, et les collaborations futures seront plus naturelles.
4. **Privilégiez les relations de qualité à la quantité** : Il est tentant de vouloir tisser des liens avec le plus grand nombre de personnes possible. Cependant, il est plus judicieux de **cultiver des relations profondes** et authentiques avec quelques acteurs clés plutôt que de chercher à multiplier les contacts superficiels. Cela vous permettra d'établir des partenariats durables basés sur la confiance, plutôt que des échanges ponctuels sans réel impact.
5. **Utilisez les réseaux sociaux à bon escient** : Les plateformes comme **Twitter, LinkedIn ou Instagram** peuvent être d'excellents outils pour entretenir vos relations. Soyez attentif aux posts et contenus partagés par les personnes que vous souhaitez connaître ou avec lesquelles vous voulez collaborer.

Réagissez à leurs publications de manière réfléchie, en apportant un point de vue unique ou en posant des questions pertinentes. Vous renforcerez ainsi votre visibilité tout en construisant une relation fondée sur l'échange.
6. **Développez des collaborations à valeur ajoutée** : Une fois que vous avez établi des relations solides, recherchez des moyens de **collaborer de manière bénéfique pour les deux parties**. Cela peut inclure la co-création de contenu, l'organisation d'un webinaire conjoint, ou encore le partage de vos expertises respectives. Ces collaborations permettent de croiser les audiences et d'élargir votre portée tout en consolidant vos relations professionnelles.

Tirer parti du pouvoir des mentors et des collaborateurs clés

Au-delà des relations stratégiques classiques, le soutien de **mentors et de collaborateurs clés** peut faire une différence considérable dans votre parcours. Ces individus vous offriront non seulement des conseils, mais aussi un soutien moral et des perspectives que vous ne trouverez pas ailleurs.

1. **Trouvez un mentor expérimenté** : Un mentor est une personne qui a déjà

emprunté le chemin que vous souhaitez suivre et qui peut vous guider grâce à son expérience. **Rechercher un mentor** signifie identifier une personne qui partage vos valeurs et qui est prête à vous aider à grandir. Cette personne vous donnera des conseils personnalisés, des retours sur vos idées et pourra vous faire éviter certains pièges. Pour établir cette relation, soyez respectueux de leur temps et montrez votre engagement envers votre projet.

2. **Écoutez leurs conseils et restez ouvert aux critiques constructives** : Un mentor ou un collaborateur expérimenté vous donnera parfois des feedbacks difficiles à entendre, mais précieux. **Restez ouvert à la critique** et sachez utiliser ces remarques pour affiner votre stratégie et améliorer vos performances. Apprenez à transformer les critiques constructives en opportunités d'amélioration.

3. **Tirez profit des compétences de vos collaborateurs** : Les **collaborateurs clés** peuvent être des rédacteurs, des développeurs web, des designers ou encore des spécialistes du marketing digital. En travaillant avec ces experts, vous pouvez élever la qualité de votre blog à un niveau supérieur. Assurez-vous de choisir des collaborateurs qui non seulement partagent votre vision, mais qui sont aussi compétents dans leur domaine. Investir dans leur expertise peut non seulement

alléger votre charge de travail, mais aussi offrir à vos lecteurs une expérience plus enrichissante.
4. **Partagez vos succès et apprenez de leurs échecs** : Une relation fructueuse avec un mentor ou un collaborateur ne se limite pas à des échanges unilatéraux. **Partagez vos réussites** et discutez ouvertement des échecs que vous rencontrez. Cela vous permettra non seulement de trouver des solutions ensemble, mais aussi de renforcer la relation par la transparence et l'honnêteté.
5. **Utilisez leur réseau pour créer des opportunités** : Un mentor ou un collaborateur clé dispose souvent d'un **réseau établi** qui peut vous être extrêmement utile. Ne sous-estimez pas la puissance du **bouche-à-oreille** et des recommandations. Lorsque vous montrez que vous êtes un blogueur sérieux, vos collaborateurs et mentors n'hésiteront pas à vous présenter à d'autres contacts influents qui pourront, à leur tour, vous aider à grandir.
6. **Soyez un élève proactif et autonome** : Bien que vous puissiez bénéficier des conseils et de l'expertise de vos mentors, il est essentiel de rester **proactif**. Prenez les devants en appliquant leurs suggestions, mais aussi en continuant à explorer et à expérimenter par vous-même. Les mentors apprécient souvent ceux qui ne se

contentent pas de suivre des conseils, mais qui cherchent également à innover et à se dépasser.
7. **Créez des synergies avec d'autres blogueurs** : En plus de mentors et de collaborateurs, d'autres blogueurs peuvent aussi devenir des **alliés puissants**. Cherchez à établir des relations d'entraide mutuelle où vous pouvez partager des ressources, échanger des backlinks, ou même collaborer sur des projets communs. Ces synergies augmentent votre visibilité tout en vous permettant d'apprendre les uns des autres.

Le développement d'un blog prospère ne se fait jamais en solo. Derrière chaque succès se cache un **réseau invisible** de mentors, de collaborateurs et de relations stratégiques qui permettent d'aller plus loin. En investissant dans ces relations, en tirant parti de leur expertise et en restant ouvert aux opportunités qu'elles génèrent, vous positionnerez votre blog pour un succès à long terme. N'oubliez jamais que chaque interaction, aussi discrète soit-elle, peut ouvrir la porte à de nouvelles possibilités et contribuer à la réussite de votre projet.

Conclusion : La Réussite d'un Blog est un Voyage, pas une Destination

Au fil des chapitres, nous avons exploré **les secrets essentiels** pour lancer et faire prospérer un blog : de la passion authentique à la qualité supérieure en passant par la constance, l'adaptabilité, et le pouvoir des relations invisibles. Ces clés, lorsqu'elles sont bien appliquées, vous permettent de bâtir un projet solide, aligné avec vos valeurs et capable de captiver un public fidèle.

Cependant, le véritable secret réside dans le fait que **réussir un blog est un voyage**. Ce chemin est pavé d'apprentissages, d'expérimentations et de défis. La passion qui vous anime, vos motivations profondes, la communauté que vous créez, et les relations que vous cultivez sont les piliers de cette aventure. Plus vous vous investirez dans votre blog, plus vous récolterez les fruits de vos efforts.

Rappelez-vous que la perfection n'est pas une fin en soi. Votre blog évoluera avec vous, s'adaptera aux changements dans votre niche et aux attentes de vos lecteurs. Ce qui importe le plus, c'est la **cohérence de vos actions**, l'authenticité de votre voix et la persistance à offrir un contenu de qualité, tout en restant à l'écoute de votre communauté et des tendances émergentes.

Enfin, gardez à l'esprit que la **réussite d'un blog n'est pas qu'une question de chiffres ou de popularité**. Il s'agit avant tout d'un espace d'expression personnelle, d'un canal pour partager vos idées, d'une plateforme pour inspirer et connecter avec d'autres. Tant que vous restez fidèle à votre "pourquoi" et à votre vision, vous réussirez à laisser une empreinte durable dans l'univers du blogging.

Ce livre vous a donné les fondations pour démarrer et pérenniser votre blog, mais le reste de l'aventure vous appartient. Continuez à apprendre, à évoluer, et surtout, à prendre du plaisir dans ce que vous faites. Le succès suivra naturellement. Bonne chance, et bon blogging !

Les 7 Étapes pour Se Lancer en Blogging : Guide Pratique pour Débutants

Guide Pas à Pas pour Créer un Blog à Succès

Introduction : Se Lancer en Blogging, un Parcours Accessible et Structuré

Lancer un blog peut sembler une aventure aussi excitante que complexe. Que vous souhaitiez partager vos passions, construire une marque personnelle ou créer un espace pour vos réflexions, la création d'un blog efficace nécessite une stratégie bien pensée et une exécution méthodique. **Les 7 Étapes pour Se Lancer en Blogging** est conçu pour vous guider à travers chaque phase essentielle de ce processus, en vous fournissant les outils et les connaissances nécessaires pour transformer votre idée en un blog réussi.

Chaque étape de ce guide a été conçue pour être claire et actionnable, vous permettant de naviguer à travers les aspects techniques et créatifs du blogging avec confiance. Vous découvrirez comment choisir et configurer votre plateforme de blogging, personnaliser votre thème, et créer les pages essentielles qui établiront les fondations solides de votre site.

Ensuite, vous apprendrez à configurer une navigation intuitive, installer les plugins indispensables pour la sécurité et la performance, et préparer une stratégie de contenu qui captivera vos lecteurs.

Ce livre ne se limite pas à une simple explication des étapes. Il vous fournira des conseils pratiques, des outils recommandés et des astuces basées sur les meilleures pratiques pour que chaque aspect de votre blog soit optimisé pour le succès. Que vous soyez un débutant complet ou que vous cherchiez à affiner vos compétences en blogging, ce guide vous offre une feuille de route claire pour atteindre vos objectifs.

Étape 1 : Choisir et configurer votre plateforme de blogging

Évaluer vos besoins

Avant de choisir une plateforme de blogging, il est crucial de définir vos **objectifs**. Votre blog est-il destiné à un usage personnel, professionnel ou commercial ? Par exemple, un blog personnel peut se contenter d'une plateforme simple avec peu de fonctionnalités, tandis qu'un blog professionnel nécessitera des options plus avancées pour la **gestion des contenus**, le SEO, ou encore l'intégration d'outils de commerce en ligne. Identifiez également votre **budget** et le niveau d'interactivité que vous souhaitez avec vos lecteurs (commentaires, forums, etc.).

Comparer les plateformes

Les plateformes de blogging varient en termes de fonctionnalités, de facilité d'utilisation, et de coûts. Voici un aperçu des options les plus populaires :

- **WordPress.org** : Reconnue pour sa flexibilité et ses possibilités de personnalisation infinies, WordPress nécessite cependant de gérer l'hébergement et la maintenance. C'est la meilleure option si vous prévoyez un développement à long terme ou un blog complexe.
- **Wix** : Idéal pour les débutants, Wix propose une interface simple et intuitive avec un éditeur en glisser-déposer, mais ses options de personnalisation sont plus limitées que celles de WordPress.
- **Squarespace** : Cette plateforme est très appréciée pour ses modèles esthétiques et sa simplicité d'utilisation, mais elle offre moins de flexibilité technique pour les utilisateurs plus avancés.
- **Blogger** : Propriété de Google, Blogger est gratuit et facile à utiliser, mais son manque de flexibilité et d'évolutivité peut être un frein si vous souhaitez un blog plus complexe.

Hébergement de votre blog

Le choix de l'hébergement est un autre facteur crucial pour le succès de votre blog. Voici quelques options :

- **Hébergement mutualisé** : Une solution économique où plusieurs sites partagent les mêmes ressources d'un serveur.

Adapté aux petits blogs ou ceux qui débutent, mais peut être limitant en termes de performance.
- **Hébergement VPS (serveur virtuel privé)** : Une option intermédiaire offrant plus de contrôle et de ressources que l'hébergement mutualisé, idéale pour les blogs avec un trafic croissant.
- **Hébergement dédié** : Vous disposez de votre propre serveur, ce qui garantit des performances optimales. C'est l'option la plus coûteuse mais la plus adaptée aux blogs à fort trafic ou nécessitant des ressources importantes.

Installation facile

Une fois votre plateforme et votre hébergement choisis, l'étape suivante consiste à installer votre blog. Si vous avez opté pour WordPress, la plupart des hébergeurs proposent une **installation en un clic**, simplifiant considérablement le processus. Suivez les étapes pour configurer votre base de données, installer le CMS (système de gestion de contenu), et personnaliser votre tableau de bord. L'installation peut varier légèrement selon les plateformes, mais des guides détaillés sont souvent disponibles pour chaque option.

Optimiser la sécurité dès l'installation

Il est essentiel de sécuriser votre blog dès le départ. Assurez-vous d'installer un **certificat SSL** (ce qui rend votre site accessible via HTTPS, garantissant une connexion sécurisée pour vos visiteurs). Activez les mises à jour automatiques de votre CMS pour bénéficier des dernières améliorations de sécurité. En outre, dès l'installation, configurez un mot de passe fort pour l'accès à votre panneau d'administration et envisagez des solutions de sécurité supplémentaires, comme des plugins de protection contre les attaques malveillantes ou les tentatives de piratage.

En suivant ces étapes, vous posez les bases solides d'un blog professionnel et sécurisé, adapté à vos besoins et à vos ambitions de croissance.

Étape 2 : Installer et personnaliser votre thème

Choisir un thème pertinent

Le choix du thème de votre blog est crucial pour garantir une **expérience utilisateur fluide** et une **présentation visuelle** attrayante. Pour faire un choix éclairé, il est important de considérer plusieurs critères :

- **Adaptabilité mobile** : Plus de la moitié des utilisateurs accèdent à des sites via des appareils mobiles. Il est donc indispensable que votre thème soit entièrement **responsive** pour s'adapter aux différentes tailles d'écran, sans compromis sur l'apparence ou la navigation.
- **Vitesse de chargement** : Un thème trop lourd peut ralentir votre site, affectant non seulement l'expérience utilisateur, mais aussi votre **SEO**. Choisissez un thème optimisé pour des temps de chargement rapides, même avec plusieurs images ou animations.

- **Compatibilité SEO** : Un bon thème doit être bien codé pour faciliter l'indexation par les moteurs de recherche. Assurez-vous qu'il respecte les normes HTML, CSS et JavaScript et qu'il est compatible avec les plugins de SEO tels que **Yoast SEO** ou **Rank Math**.
- **Esthétique** : Votre thème doit refléter le **style visuel** que vous souhaitez pour votre blog. Évaluez l'architecture générale, la mise en page, et les possibilités de personnalisation pour qu'il corresponde à l'identité que vous voulez projeter.

Thèmes gratuits vs premium

Une question importante est de choisir entre un **thème gratuit** ou **premium**. Voici quelques éléments à prendre en compte :

- **Thèmes gratuits** : Ils sont parfaits pour les débutants ou les petits blogs au budget limité. Toutefois, ils offrent souvent moins de fonctionnalités avancées, de personnalisation, et de support technique. Cela peut être un obstacle si vous souhaitez un site plus sophistiqué ou si vous avez besoin d'assistance.
- **Thèmes premium** : Bien qu'ils demandent un investissement initial (entre 30 et 100 euros en général), ils

incluent souvent des fonctionnalités avancées comme des **constructeurs de pages intégrés**, des options de personnalisation poussées, et un support technique dédié. Ces thèmes sont généralement mieux optimisés pour la performance et le SEO, et proposent des **mises à jour régulières** pour rester compatibles avec les nouvelles versions de WordPress et les plugins.

En fonction de vos besoins et de vos objectifs à long terme, il peut être plus judicieux d'investir dans un thème premium qui garantit plus de flexibilité et d'options.

Personnalisation sans coder

Vous n'avez pas besoin de compétences en **codage** pour personnaliser votre thème et le rendre unique. Des outils comme **Elementor** et **Divi** permettent de créer des designs sur-mesure avec des **éditeurs en glisser-déposer**, offrant un contrôle total sur l'apparence de votre blog sans toucher une ligne de code. Voici quelques étapes à suivre pour personnaliser votre thème sans codage :

- **Choisissez un constructeur de pages** compatible avec votre thème (Elementor, Divi, Beaver Builder, etc.).
- **Créez des mises en page personnalisées** pour vos pages

principales, comme l'accueil, les articles, ou les pages d'archives.
- **Ajoutez des widgets** spécifiques (boutons, carrousels d'images, témoignages) pour enrichir l'interactivité de votre site.

Ces outils vous permettent de changer l'apparence de votre blog à tout moment et d'expérimenter avec différents designs pour voir ce qui fonctionne le mieux auprès de votre audience.

Cohérence visuelle

La cohérence visuelle est essentielle pour construire une **identité de marque** forte et engageante. Chaque élément graphique doit être réfléchi pour renforcer l'image que vous souhaitez renvoyer. Voici quelques points à garder en tête pour établir une cohérence visuelle :

- **Choix des couleurs** : Sélectionnez une palette de couleurs qui reflète la personnalité de votre blog. Utilisez 2 à 3 couleurs principales et quelques nuances pour les éléments secondaires afin de créer un design harmonieux.
- **Polices** : Limitez-vous à 2 polices : une pour les titres et une autre pour le corps du texte. Cela permet de maintenir une

lisibilité optimale tout en apportant une touche esthétique.
- **Images et visuels** : Optez pour des images de haute qualité qui correspondent à votre thème visuel et à votre audience. Utilisez des photos libres de droit ou vos propres visuels pour éviter toute incohérence avec votre message.

Assurez-vous que chaque élément est bien équilibré et aligné pour offrir une expérience utilisateur fluide et professionnelle.

Optimisation du temps de chargement

L'optimisation des performances de votre blog passe par la réduction des temps de chargement, directement influencée par votre thème. Un site qui charge lentement peut **repousser les visiteurs** et affecter négativement votre classement dans les moteurs de recherche. Voici quelques actions pour garantir des performances optimales :

- **Choisissez un thème léger** : Les thèmes encombrés de fonctionnalités inutiles peuvent considérablement ralentir votre blog. Optez pour un thème minimaliste, optimisé pour la vitesse.
- **Utilisez des plugins de cache** : Des outils comme **WP Super Cache** ou **W3**

Total Cache peuvent aider à améliorer les performances en stockant des versions statiques de vos pages pour les visiteurs récurrents.
- **Optimisez vos images** : Réduisez la taille des images sans sacrifier leur qualité avec des plugins comme **Smush** ou **ShortPixel**. Des images trop volumineuses peuvent ralentir considérablement le chargement des pages.

En prenant ces mesures dès l'installation et la personnalisation de votre thème, vous assurez à vos visiteurs une expérience fluide et agréable, tout en améliorant votre positionnement sur les moteurs de recherche.

Étape 3 : Créer les pages essentielles de votre blog

Page "Accueil" : Captiver dès le premier regard

La page d'accueil est souvent la première impression que les visiteurs auront de votre blog. Elle doit donc être à la fois attrayante et fonctionnelle pour capter leur attention en quelques secondes. Voici comment créer une page d'accueil percutante :

- **Un message clair et engageant :** Votre page d'accueil doit immédiatement faire comprendre aux visiteurs la thématique de votre blog. Utilisez une accroche percutante qui reflète la proposition de valeur de votre site. Par exemple, "Inspirez votre prochain voyage avec nos guides pratiques" est un message plus captivant qu'un simple "Bienvenue sur mon blog".
- **Design simple et visuellement attractif :** Organisez votre contenu en

sections distinctes, avec un design épuré. Utilisez des images de haute qualité et des appel à l'action (CTA) bien visibles pour orienter les visiteurs vers les pages importantes, comme "Commencez ici" ou "Lire les articles populaires".
- **Mettre en avant vos articles phares :** Mettez en avant vos articles les plus récents ou les plus populaires en utilisant une section dédiée ou un slider en haut de la page. Cela permet aux nouveaux visiteurs de découvrir rapidement vos contenus phares.

Une page d'accueil efficace doit être à la fois intuitive et attrayante, tout en orientant clairement vos visiteurs vers les prochaines étapes à suivre.

Page "À propos" convaincante : Votre histoire, votre expertise

La page "À propos" est l'une des plus visitées d'un blog. Elle permet à votre audience de mieux vous connaître, et de comprendre pourquoi vous êtes la personne idéale pour parler de la thématique que vous avez choisie. Pour rédiger une page "À propos" convaincante :

- **Présentez-vous brièvement :** Parlez de vous, de manière authentique, sans en faire trop. Mettez en avant vos compétences et votre expérience liées au sujet de votre blog. Les visiteurs veulent savoir qui est derrière le site, mais gardez en tête que cette page reste axée sur ce que vous pouvez leur apporter.
- **Racontez une histoire engageante :** Expliquez pourquoi vous avez créé ce blog, quels défis vous avez rencontrés, et ce qui vous passionne. Raconter une histoire personnelle engageante peut créer un lien émotionnel avec vos lecteurs et les inciter à revenir.
- **Mettez en avant vos objectifs :** Terminez par une explication claire de la valeur ajoutée que vous offrez à travers votre blog. Cela peut être sous la forme de ressources, de conseils pratiques, ou d'inspirations. Un exemple pourrait être : "Je suis ici pour vous aider à démarrer en freelance avec des conseils concrets."

En rédigeant une page "À propos" honnête et captivante, vous créez une connexion avec votre audience et établissez votre crédibilité dans votre domaine.

Page de contact efficace : Simplifier les interactions

Il est essentiel de faciliter les interactions entre vos visiteurs et vous. Voici comment créer une page de contact simple mais efficace :

- **Formulaire de contact :** Un formulaire simple est la méthode la plus pratique pour permettre à vos visiteurs de vous contacter. Utilisez des champs essentiels (nom, email, message), tout en évitant de compliquer inutilement le processus avec des questions trop détaillées.
- **Coordonnées directes :** Si vous êtes ouvert à des échanges plus directs, incluez votre adresse e-mail ou numéro de téléphone. Faites en sorte que cela reste optionnel, mais accessible.
- **Liens vers vos réseaux sociaux :** Facilitez la connexion via des liens directs vers vos comptes sur les réseaux sociaux. En plus d'offrir un autre moyen de contact, cela permet à vos lecteurs de suivre votre actualité et de s'engager avec votre contenu au-delà du blog.

Une page de contact efficace montre que vous êtes disponible et ouvert aux interactions avec votre communauté, tout en facilitant la communication.

Politique de confidentialité et mentions légales : Se conformer aux exigences

Pour protéger à la fois votre audience et vous-même, il est indispensable d'inclure une politique de confidentialité et des mentions légales. Ces pages sont non seulement importantes d'un point de vue juridique, mais elles renforcent aussi la transparence et la confiance.

- **Politique de confidentialité :** Depuis la mise en place du RGPD (Règlement Général sur la Protection des Données) en Europe, il est obligatoire de détailler la manière dont vous collectez, stockez et utilisez les données personnelles de vos visiteurs. Expliquez clairement quelles données sont collectées (cookies, formulaires de contact, abonnements à la newsletter) et comment elles sont utilisées.
- **Mentions légales :** Indiquez les informations relatives à votre blog, y compris le nom de l'hébergeur, les coordonnées du responsable de publication, et les droits d'auteur. Cette page est souvent obligatoire selon les pays, surtout si votre blog a des fonctionnalités commerciales (boutique en ligne, affiliations, etc.).

Ces pages permettent à vos visiteurs de savoir qu'ils naviguent sur un site sûr et conforme aux lois, tout en vous protégeant contre d'éventuels problèmes légaux.

Créer une page blog bien organisée : Optimiser la navigation

Votre page blog est l'endroit où vos articles seront regroupés. Il est important de bien organiser cette page pour faciliter la navigation des utilisateurs et les inciter à découvrir plusieurs de vos articles.

- **Format chronologique :** Vous pouvez opter pour un affichage chronologique classique, en listant les articles du plus récent au plus ancien. Ce format est simple et convient parfaitement aux blogs réguliers ou personnels.
- **Format thématique :** Si votre blog couvre plusieurs thématiques, il peut être judicieux de regrouper vos articles par catégories. Cela permet aux visiteurs de naviguer plus facilement dans les sujets qui les intéressent. Utilisez des filtres ou des mots-clés pour une navigation encore plus fluide.

Assurez-vous que la page de votre blog soit bien structurée, avec des titres clairs, des résumés d'articles, et des liens internes pour encourager la lecture prolongée.

Étape 4 : Configurer votre navigation et votre structure de site

Architecture de l'information : Une base solide pour la navigation

La **structure de votre site** doit être claire et intuitive pour offrir à vos visiteurs une expérience fluide et agréable. Une mauvaise organisation peut frustrer les utilisateurs et augmenter votre taux de rebond. Voici comment planifier une architecture d'information efficace :

- **Hiérarchisez les contenus** : Commencez par organiser vos pages et articles en catégories principales et sous-catégories. Par exemple, si vous avez un blog de voyage, les catégories peuvent inclure des sections comme "Destinations", "Conseils pratiques", ou "Itinéraires". À l'intérieur de chaque catégorie, classez les contenus de manière logique.

- **Nombre limité de niveaux** : Évitez de créer une structure trop profonde. Idéalement, un utilisateur doit accéder à n'importe quelle page en **3 clics maximum**. Des sous-menus ou des sous-catégories trop complexes peuvent décourager la navigation.
- **Liens internes** : Pensez à lier vos articles et pages de manière interne pour faciliter la navigation entre des contenus connexes et maintenir vos lecteurs plus longtemps sur votre site. Cela aide également à améliorer le **SEO** en répartissant l'autorité des pages.

En ayant une structure d'information bien pensée, vos visiteurs trouveront facilement ce qu'ils recherchent, ce qui améliore leur satisfaction et encourage leur engagement.

Organiser vos catégories et tags : Une classification logique

Les **catégories** et **tags** (ou étiquettes) sont des outils essentiels pour organiser vos contenus. Bien utilisés, ils facilitent la navigation et aident au référencement naturel.

- **Catégories** : Les catégories regroupent vos articles en **grandes thématiques**. Chaque article doit appartenir à une

seule catégorie principale pour éviter les doublons et la confusion. Par exemple, un article sur "Les meilleurs cafés à Paris" peut être classé dans "Destinations" ou "Guide de Paris", mais pas les deux. Veillez à limiter le nombre de catégories pour éviter la surcharge.
- **Tags** : Les tags, quant à eux, sont plus spécifiques et servent à décrire les **sous-thèmes** ou les **sujets particuliers** abordés dans un article. Contrairement aux catégories, un article peut avoir plusieurs tags. Pour l'exemple précédent, des tags comme "Café", "Paris", ou "Lifestyle" pourraient être pertinents. Ils permettent aux utilisateurs de trouver des articles similaires avec une grande précision.
- **Éviter la redondance** : Ne créez pas de doublons entre catégories et tags. Si un sujet est suffisamment large pour devenir une catégorie, ne l'utilisez pas comme tag. Cela permet de garder une classification claire et logique pour vos visiteurs.

En organisant soigneusement vos catégories et tags, vous offrez une navigation plus intuitive et améliorez votre SEO en renforçant la pertinence de vos contenus pour les moteurs de recherche.

Créer un menu intuitif : La simplicité avant tout

Un **menu de navigation** clair est la clé pour guider vos visiteurs vers les sections les plus importantes de votre blog. Voici comment concevoir un menu intuitif :

- **Limiter les options** : Évitez d'ajouter trop d'éléments dans votre menu principal. Idéalement, il devrait comporter 5 à 7 éléments principaux pour rester lisible et faciliter la prise de décision. Si vous avez beaucoup de contenu, utilisez des sous-menus pour organiser les options de manière hiérarchique.
- **Ordre des éléments** : Placez les pages les plus importantes comme **Accueil**, **Blog**, **À propos**, et **Contact** en début de menu, car les utilisateurs les recherchent instinctivement. L'ordre dans lequel vous présentez les options influence la façon dont les visiteurs interagissent avec votre site.
- **Éléments visuels** : Ajoutez des **indicateurs visuels**, comme des icônes ou des couleurs, pour rendre votre menu plus attrayant et lisible. Cela est particulièrement utile pour guider l'attention de l'utilisateur vers les sections clés.

En créant un menu simple et intuitif, vous aidez vos visiteurs à naviguer sans effort sur votre site, améliorant ainsi leur expérience utilisateur.

Optimiser pour le mobile : Une navigation fluide sur tous les supports

Avec une part croissante des utilisateurs accédant à votre site via des smartphones, il est indispensable de vérifier que votre navigation fonctionne correctement sur mobile.

- **Menus déroulants optimisés** : Les **menus hamburger** (icône à trois barres) sont souvent utilisés pour les sites mobiles, mais assurez-vous qu'ils sont **faciles à ouvrir et naviguer**. Testez leur réactivité et vérifiez qu'ils ne bloquent pas l'affichage du contenu.
- **Polices et boutons adaptés** : Les polices doivent être suffisamment grandes pour être lues facilement sur un écran mobile. De même, les boutons et liens cliquables doivent être assez grands pour éviter les erreurs de manipulation.
- **Temps de chargement** : L'optimisation de la vitesse de chargement est essentielle pour la navigation mobile. Utilisez des **images compressées**, un thème mobile-friendly et un **plugin de**

cache pour garantir des performances rapides.

En optimisant votre site pour les appareils mobiles, vous garantissez une navigation fluide et agréable, peu importe le support utilisé.

Fil d'Ariane : Simplifier l'orientation et améliorer le SEO

Le **fil d'Ariane**, ou **breadcrumb**, est un outil de navigation qui affiche un chemin clair vers la page actuelle, permettant à l'utilisateur de savoir où il se trouve et de revenir facilement aux pages précédentes.

- **Installation du fil d'Ariane** : La plupart des thèmes WordPress offrent une option pour ajouter un fil d'Ariane, ou vous pouvez utiliser un plugin comme **Yoast SEO** pour l'installer.
- **Améliorer l'UX et le SEO** : Ce système améliore non seulement l'**expérience utilisateur**, en offrant un moyen simple de naviguer dans le site, mais il contribue également au **référencement naturel** en facilitant la compréhension de la structure du site par les moteurs de recherche. Il permet à Google de mieux indexer vos pages et d'afficher

des chemins hiérarchiques dans les résultats de recherche.

En intégrant un fil d'Ariane, vous améliorez la **navigation** et renforcez votre **SEO**, deux atouts essentiels pour un blog réussi.

Cette étape vise à structurer et à simplifier la navigation de votre blog pour une meilleure expérience utilisateur, en mettant en place une hiérarchie claire, un menu intuitif et des outils de navigation comme le fil d'Ariane. Plus vos visiteurs trouveront facilement ce qu'ils cherchent, plus ils passeront de temps sur votre site.

Étape 5 : Installer et configurer les plugins essentiels

Pour assurer le bon fonctionnement, la sécurité et l'optimisation de votre blog, l'installation de plugins adaptés est cruciale. Voici une approche détaillée et concrète pour choisir et configurer les plugins les plus importants.

Plugins SEO : Maximisez votre visibilité sur les moteurs de recherche

L'optimisation pour les moteurs de recherche (SEO) est indispensable pour attirer du trafic organique. Deux plugins populaires sont **Yoast SEO** et **RankMath**. Voici comment les installer et les configurer :

- **Installation** : Depuis votre tableau de bord WordPress, allez dans la section **Extensions > Ajouter**. Recherchez **Yoast SEO** ou **RankMath** et cliquez sur **Installer**, puis **Activer**.

- **Configuration initiale** : Utilisez l'assistant de configuration intégré pour paramétrer votre plugin. Yoast et RankMath vous guident à travers les étapes importantes : choisir le type de blog, configurer les métadonnées, soumettre votre site aux moteurs de recherche, etc.
- **Optimisation des articles** : Une fois installé, le plugin ajoutera un **analyseur SEO** à chaque article ou page. Remplissez les champs importants comme le **titre SEO**, la **méta-description**, et choisissez un mot-clé principal. Veillez à ce que vos contenus respectent les recommandations du plugin (longueur du texte, balises Hn, lisibilité).
- **Sitemaps** : Un sitemap XML est automatiquement généré par ces plugins et peut être soumis à Google via la **Google Search Console**, renforçant l'indexation de vos pages.

Ces outils vous permettent d'améliorer progressivement votre SEO, d'obtenir des suggestions pour optimiser vos articles et d'augmenter leur visibilité sur Google.

Plugins de sécurité : Protégez votre site contre les menaces

La sécurité est un aspect incontournable de la gestion d'un blog. Des plugins comme **Wordfence** et **Sucuri** sont efficaces pour protéger votre site contre les attaques, les malwares et les tentatives d'intrusion.

- **Installation et activation** : Allez dans **Extensions > Ajouter**, recherchez **Wordfence** ou **Sucuri**, puis cliquez sur **Installer** et **Activer**.
- **Configurer les paramètres de sécurité** : Une fois installé, rendez-vous dans les paramètres du plugin. Activez les options de **pare-feu**, de **scan automatique** des fichiers et des bases de données, ainsi que les notifications d'alerte par e-mail pour tout comportement suspect.
- **Protection contre le spam** : Ces plugins incluent également des fonctionnalités pour limiter les tentatives de spam dans vos commentaires et formulaires de contact. Activez les protections anti-spam pour éviter les faux comptes et les bots.
- **Mises à jour automatiques** : Les mises à jour régulières du plugin sont essentielles pour rester protégé contre les nouvelles menaces. Activez les mises à jour automatiques des plugins et thèmes via votre tableau de bord WordPress ou directement dans le plugin de sécurité.

En assurant une sécurité robuste dès le départ, vous protégez votre site contre les piratages et autres menaces, ce qui renforce la confiance des utilisateurs.

Optimisation de la vitesse avec des plugins de cache : Améliorez le temps de chargement

Le temps de chargement de votre site a un impact direct sur l'expérience utilisateur et le classement SEO. Les **plugins de cache**, comme **WP Super Cache** ou **W3 Total Cache**, permettent d'améliorer considérablement la vitesse de votre site.

- **Installation et activation** : Recherchez **WP Super Cache** ou **W3 Total Cache** dans **Extensions > Ajouter**, puis installez et activez.
- **Configurer le cache** : Ces plugins proposent des réglages par défaut pour optimiser les performances sans nécessiter de compétences techniques. Toutefois, vous pouvez configurer des options avancées, telles que la **minification des fichiers CSS et JavaScript** et l'activation de la **compression Gzip** pour réduire la taille des fichiers transférés.

- **Test de la performance** : Après configuration, testez la performance de votre site avec des outils comme **Google PageSpeed Insights** ou **GTmetrix** pour vérifier que le cache est correctement activé et voir les gains en termes de vitesse.

Ces plugins contribuent à réduire le temps de chargement de vos pages, ce qui améliore l'expérience utilisateur et le référencement.

Sauvegardes régulières : Sécurisez vos données avec des sauvegardes automatiques

La sauvegarde régulière de votre site est essentielle pour éviter la perte de données en cas de panne ou d'attaque. Un plugin comme **UpdraftPlus** permet d'automatiser cette tâche.

- **Installation et activation** : Installez **UpdraftPlus** depuis **Extensions > Ajouter**, puis activez-le.
- **Configurer les sauvegardes** : Dans les paramètres du plugin, définissez la fréquence des sauvegardes. Une sauvegarde hebdomadaire pour le site complet et quotidienne pour la base de données est recommandée.

- **Choisir un stockage externe** : Vous pouvez stocker les sauvegardes sur des services cloud comme **Google Drive**, **Dropbox**, ou **Amazon S3** pour plus de sécurité. Cela garantit que vos données sont protégées même en cas de défaillance du serveur d'hébergement.
- **Restaurer rapidement** : En cas de problème, UpdraftPlus vous permet de **restaurer** facilement les données avec un seul clic, minimisant les interruptions pour vos lecteurs.

En mettant en place des sauvegardes automatiques, vous protégez vos contenus et évitez de perdre tout votre travail en cas d'incident.

Plugins d'engagement : Augmentez l'interaction avec vos lecteurs

Pour garder vos visiteurs engagés et les inciter à interagir avec votre contenu, certains plugins sont essentiels. Voici quelques options :

- **Boutons de partage social** : Installez un plugin comme **Social Warfare** ou **Sassy Social Share** pour permettre à vos lecteurs de partager facilement vos articles sur les réseaux sociaux. Configurez les plateformes sur

lesquelles vous voulez que vos articles soient partagés (Facebook, Twitter, LinkedIn, etc.).
- **Systèmes de commentaires** : Pour favoriser les discussions, des plugins comme **Disqus** ou **Jetpack Comments** permettent une gestion plus fluide et interactive des commentaires. Ils peuvent également intégrer des notifications automatiques aux lecteurs lorsque quelqu'un répond à leur commentaire.
- **Pop-ups et abonnements** : Utilisez des plugins comme **SumoMe** ou **OptinMonster** pour afficher des pop-ups ou des bannières d'inscription à une newsletter. Ces outils aident à convertir vos visiteurs en abonnés réguliers.

Ces plugins d'engagement permettent d'augmenter les interactions sur votre site, fidélisant ainsi votre audience et renforçant la communauté autour de votre blog.

L'installation et la configuration de ces plugins essentiels assurent le bon fonctionnement, la sécurité et l'optimisation de votre blog, tout en améliorant l'expérience utilisateur et en renforçant votre présence en ligne. En choisissant les bons outils dès le départ, vous posez les bases d'un blog performant et bien protégé.

Étape 6 : Préparer votre stratégie de contenu initiale

Créer une stratégie de contenu bien pensée est essentiel pour assurer la cohérence, l'engagement et la croissance de votre blog. En suivant les étapes ci-dessous, vous mettrez en place une base solide qui permettra de produire du contenu captivant et pertinent pour votre public dès le lancement de votre blog.

Définir votre public cible : Produire un contenu qui résonne

Avant de commencer à écrire, il est crucial de bien connaître votre **public cible**. Cela vous permettra de créer du contenu adapté à leurs besoins et attentes. Pour définir clairement votre audience :

- **Segmentez votre audience** : Demandez-vous à qui vous vous adressez. Votre blog est-il destiné aux **jeunes entrepreneurs**, aux **passionnés**

de mode, ou aux **familles cherchant à voyager à petit budget** ? Identifiez des groupes d'audience en fonction de leurs intérêts, de leur âge, de leur profession, ou de leurs valeurs.
- **Analyser leurs besoins** : Utilisez des outils comme **Google Analytics** (si votre blog est déjà actif) ou des enquêtes pour comprendre ce que vos lecteurs recherchent. Consultez également des forums, des réseaux sociaux ou des groupes spécialisés pour identifier leurs préoccupations ou questions fréquentes.
- **Définissez leur parcours** : Comprenez où se situe votre public dans son parcours. Sont-ils des débutants dans votre domaine, ou des experts recherchant des astuces avancées ? Cela vous guidera dans le ton et le niveau de vos articles.

En connaissant bien votre audience, vous serez en mesure de leur fournir du contenu pertinent et engageant, et ainsi de construire une base de lecteurs fidèles.

Planifier vos 10 premiers articles : Une fondation cohérente

Pour lancer votre blog sur de bonnes bases, il est essentiel de **planifier** vos 10 premiers articles. Cela permet de donner une direction claire à votre blog et d'assurer une cohérence dans les thématiques abordées.

- **Identifiez les sujets prioritaires** : Commencez par des sujets qui répondent aux besoins les plus pressants de votre audience. Pensez aux questions que votre public pourrait se poser immédiatement après avoir trouvé votre blog. Par exemple, si votre blog est dédié à la finance personnelle, des articles comme "Comment créer un budget en 5 étapes" ou "10 erreurs courantes à éviter en investissant" sont des points de départ efficaces.
- **Création d'un calendrier éditorial** : Un **calendrier éditorial** vous aidera à structurer votre production de contenu. Planifiez la publication de vos premiers articles sur une période de 2 à 3 mois. Assurez-vous de respecter un rythme de publication réaliste, que ce soit une fois par semaine ou une fois toutes les deux semaines, en fonction de votre capacité.

En planifiant ainsi vos articles à l'avance, vous garantissez la régularité et la qualité de vos publications, tout en posant les bases pour fidéliser vos lecteurs.

Créer une banque d'idées de contenu : Ne jamais être à court d'inspiration

Il est important de toujours avoir de nouvelles idées pour alimenter votre blog sur le long terme. Voici des méthodes pour alimenter une **banque d'idées** :

- **Utilisez des outils spécialisés** : Des outils comme **AnswerThePublic**, **Google Trends**, ou encore **BuzzSumo** vous permettent de voir ce que les internautes recherchent et quels sujets sont actuellement populaires. Ces outils sont utiles pour découvrir des sujets que vous n'auriez peut-être pas envisagés.
- **Consultez votre réseau** : Observez les commentaires, les questions ou les discussions sur les réseaux sociaux dans votre niche. Les forums et les groupes sur des plateformes comme **Reddit** ou **Facebook** regorgent souvent de questions auxquelles vous pouvez répondre via des articles.
- **Créez un fichier d'idées** : Maintenez un fichier ou un tableau (Excel, Google Docs, ou même un outil de gestion comme **Trello**) où vous listez toutes les idées de sujets potentiels. Ajoutez de nouveaux concepts dès qu'ils vous

viennent à l'esprit pour ne jamais être à court de matière.

Avec une banque d'idées bien fournie, vous garantissez la continuité de votre contenu sans avoir à vous inquiéter du manque d'inspiration.

Alternance de contenu court et long : Adaptez vos formats à vos objectifs

Il est important de varier les **formats de contenu** pour répondre aux attentes diversifiées de votre public, tout en maintenant une dynamique dans votre stratégie de contenu.

- **Articles longs et détaillés** : Pour les sujets complexes ou denses, des articles de **2 000 à 3 000 mots** peuvent offrir des analyses approfondies. Ces articles renforcent votre autorité dans le domaine et peuvent également être optimisés pour le référencement. Par exemple, des guides pratiques ou des comparatifs complets sont des formats adaptés pour des contenus longs.
- **Contenu court et percutant** : En parallèle, proposez des articles plus courts, entre **500 et 1 000 mots**, qui offrent des conseils rapides, des listes ou des réponses concises à des

questions fréquentes. Ces contenus sont souvent plus faciles à consommer et peuvent attirer des lecteurs en quête d'informations immédiates.

L'alternance entre des contenus longs et courts permet de maintenir l'intérêt de différents segments de votre audience, tout en offrant de la variété.

Répétition thématique : Explorer un sujet sous plusieurs angles

Une stratégie efficace pour produire plus de contenu consiste à **répéter un thème** en l'abordant sous différents angles. Cela vous permet d'approfondir un sujet tout en offrant une nouvelle perspective à vos lecteurs.

- **Segmenter un sujet large** : Si vous avez un sujet général comme "Lancer son blog en 2024", vous pouvez en faire une série d'articles plus ciblés, tels que "Choisir la bonne plateforme", "Les erreurs à éviter lors du lancement", ou "Comment monétiser son blog".
- **Ressources complémentaires** : Créez du contenu lié qui guide vos lecteurs d'un article à un autre. Par exemple, un article sur les "meilleurs outils de SEO" pourrait renvoyer à un autre expliquant

"comment utiliser efficacement Google Analytics".
- **Mettre à jour et réutiliser** : N'hésitez pas à **mettre à jour des articles existants** avec de nouvelles informations ou un point de vue actualisé. Vous pouvez aussi les transformer en contenus dérivés, comme des infographies ou des vidéos.

En explorant un sujet sous différents angles, vous optimisez votre stratégie de contenu et vous gardez vos lecteurs engagés.

Une **stratégie de contenu initiale** bien préparée est la clé d'un lancement réussi. En identifiant votre audience, en planifiant des articles pertinents, et en structurant vos idées, vous posez les fondations solides d'un blog à la fois engageant et durable. Grâce à ces techniques, vous êtes prêt à publier du contenu qui attire, fidélise, et offre une valeur réelle à vos lecteurs dès le début de votre aventure de blogueur.

Étape 7 : Rédiger et publier votre premier article

Rédiger votre premier article est une étape cruciale dans le lancement de votre blog. Il doit captiver, informer et encourager l'engagement de vos lecteurs dès les premières lignes. Pour cela, suivez ces conseils détaillés, concrets et actionnables pour structurer votre contenu, optimiser son impact et maximiser sa portée.

Rédaction efficace : Fluidité et lisibilité

Une bonne rédaction permet de maintenir l'attention de votre audience tout en facilitant la lecture. Les internautes lisent souvent en diagonale, d'où l'importance d'un texte clair et structuré.

- **Utilisez des sous-titres** : Divisez votre texte en sections avec des sous-titres informatifs. Cela permet aux lecteurs de repérer rapidement les informations clés et aide les moteurs de recherche à

mieux comprendre la structure de votre article.
- **Liste à puces** : Les listes à puces, comme celle-ci, sont idéales pour présenter des informations de manière concise et lisible. Elles améliorent la scannabilité de votre article et retiennent l'attention des lecteurs sur les points importants.
- **Paragraphes courts** : Évitez les gros blocs de texte. Des paragraphes de **3 à 4 lignes** rendent la lecture plus fluide et réduisent le risque de décourager vos visiteurs. Chaque paragraphe devrait exposer une idée principale pour maintenir une progression logique dans votre argumentation.

En respectant ces principes, vous faciliterez l'engagement de vos lecteurs tout en rendant votre contenu plus agréable à lire.

Optimisation SEO : Renforcez votre visibilité

L'optimisation pour les moteurs de recherche (SEO) est essentielle pour que votre article soit découvert par un large public. Voici les étapes à suivre pour optimiser efficacement votre contenu.

- **Intégrer des mots-clés** : Identifiez les **mots-clés pertinents** liés à votre sujet,

à l'aide d'outils comme Google Keyword Planner ou Ubersuggest, et intégrez-les naturellement dans votre texte, sans en abuser. Placez-les dans les **titres**, les sous-titres, et au début de vos paragraphes pour maximiser leur impact.
- **Soigner la structure des titres** : Utilisez des balises de titre HTML appropriées pour organiser votre contenu. Le **titre principal (H1)** doit être unique et représentatif de l'ensemble de l'article. Utilisez ensuite des sous-titres **H2**, **H3**, etc., pour structurer les différentes sections de votre article, facilitant ainsi la navigation pour vos lecteurs et les moteurs de recherche.
- **Liens internes et externes** : Ajoutez des **liens internes** vers d'autres pages ou articles de votre blog pour renforcer votre maillage interne et garder vos lecteurs sur votre site. Utilisez également des **liens externes** vers des sources fiables et crédibles pour appuyer vos propos et améliorer votre SEO.

Un article bien optimisé pour le SEO améliore non seulement votre visibilité, mais également votre crédibilité en ligne.

Ajouter des visuels et médias : Engagez votre audience

Les visuels jouent un rôle clé dans la rétention de l'attention et l'enrichissement de votre contenu. En plus de rendre votre article plus attrayant, ils permettent également d'illustrer vos propos de manière plus concrète.

- **Images** : Intégrez des images pertinentes pour illustrer vos idées. Choisissez des visuels de haute qualité et compressez-les pour ne pas ralentir le chargement de votre page. Pensez à ajouter des **balises ALT** à chaque image pour renforcer votre SEO et permettre aux moteurs de recherche de mieux comprendre leur contenu.
- **Infographies** : Si votre article comporte beaucoup de données ou d'informations complexes, utilisez des **infographies** pour simplifier la compréhension. Les lecteurs apprécient ce type de contenu visuel, qui est souvent plus facilement partagé sur les réseaux sociaux.
- **Vidéos** : Les vidéos sont un excellent moyen d'augmenter l'interaction et le temps passé sur votre page. Vous pouvez intégrer des vidéos explicatives ou des tutoriels en lien avec le sujet de votre article pour approfondir vos explications.

Des visuels bien intégrés dynamisent votre contenu et offrent une expérience utilisateur plus riche et immersive.

Mettre en place un système d'appel à l'action : Encouragez l'engagement

Le but d'un article ne se limite pas à informer. Il doit également **inciter à l'action** et à l'interaction. Pour cela, mettez en place des appels à l'action (CTA) stratégiques tout au long de votre article.

- **Boutons d'abonnement** : Insérez des **boutons ou des formulaires d'abonnement** à la newsletter pour convertir vos lecteurs occasionnels en abonnés réguliers. Placez-les en fin d'article ou dans la barre latérale pour maximiser leur visibilité.
- **Encourager les commentaires** : Terminez votre article par une **question ouverte** pour encourager vos lecteurs à partager leurs opinions ou poser des questions dans les commentaires. Cette interaction booste l'engagement et la fidélité des visiteurs.
- **Partage sur les réseaux sociaux** : Ajoutez des **boutons de partage** social à des emplacements stratégiques (en haut, en bas ou sur le côté de l'article). Cela facilite la diffusion de votre contenu et vous permet d'atteindre de nouveaux lecteurs.

Des appels à l'action bien pensés augmentent non seulement l'engagement, mais permettent également de transformer vos lecteurs en ambassadeurs de votre blog.

Partager sur les réseaux sociaux : Maximisez votre portée

Une fois votre article publié, il est crucial de le promouvoir pour toucher un public plus large. Voici comment partager efficacement votre contenu sur les réseaux sociaux.

- **Automatiser le partage** : Utilisez des outils comme **Buffer**, **Hootsuite**, ou **Zapier** pour programmer et automatiser le partage de votre article sur différentes plateformes (Facebook, Twitter, LinkedIn, etc.). Cela vous permet de gagner du temps et d'assurer une présence régulière.
- **Adapter votre message** : Chaque réseau social a ses propres codes. Par exemple, sur Twitter, privilégiez un message court et percutant, tandis que sur LinkedIn, un résumé plus formel et informatif peut mieux fonctionner. Adaptez donc votre texte d'accompagnement en fonction de la plateforme et de son audience.

- **Interagir avec les lecteurs** : Après le partage, soyez réactif aux **commentaires** et **interactions** sur vos publications sociales. Cette proximité avec votre audience contribue à créer une communauté fidèle et engagée autour de votre blog.

En combinant automatisation et personnalisation, vous maximiserez la portée de votre contenu tout en restant actif et disponible pour votre audience.

Rédiger et publier votre premier article est une étape clé pour donner vie à votre blog. En structurant efficacement votre texte, en optimisant le SEO, en intégrant des visuels engageants et en mettant en place des appels à l'action stratégiques, vous posez les bases d'un contenu à la fois pertinent et performant. Enfin, n'oubliez pas de promouvoir votre article sur les réseaux sociaux pour maximiser son impact et toucher un public toujours plus large.

CONCLUSION

Vous avez maintenant parcouru les sept étapes essentielles pour lancer un blog avec succès. Chaque phase de ce guide a été conçue pour vous fournir une compréhension approfondie et des conseils pratiques afin que vous puissiez transformer votre idée en un projet tangible et bien structuré. Vous êtes désormais armé des connaissances nécessaires pour choisir et configurer votre plateforme, personnaliser votre thème, créer des pages cruciales, optimiser la navigation, installer les plugins essentiels, préparer une stratégie de contenu robuste, et rédiger vos premiers articles.

La clé du succès dans le blogging repose sur une combinaison d'organisation, de créativité et de persévérance. En suivant ces étapes, vous avez jeté des bases solides pour un blog attrayant et fonctionnel. N'oubliez pas que le blogging est un voyage continu. Chaque étape que vous avez franchie est une pierre angulaire pour bâtir une communauté engagée et un contenu pertinent qui résonne avec vos lecteurs.

Maintenant que vous avez les outils et les connaissances nécessaires, il est temps de passer à l'action. Continuez à explorer, à ajuster et à améliorer votre blog en fonction des retours de vos lecteurs et des évolutions de votre domaine. Votre engagement et votre passion seront les moteurs de votre succès. Bonne chance dans cette aventure enrichissante et créative. Votre blog est prêt à faire entendre sa voix dans l'univers numérique.

Pourquoi Votre Blog Ne Fonctionne Pas

Diagnostiquer et Résoudre les Erreurs Courantes

INTRODUCTION

Dans l'univers en constante évolution du web, le blogging reste un moyen puissant pour partager ses idées, établir son autorité dans un domaine, et même générer des revenus. Cependant, de nombreux blogueurs se trouvent face à une réalité frustrante : malgré leurs efforts, leur blog ne décolle pas comme ils l'espéraient. Si vous vous reconnaissez dans cette situation, vous n'êtes pas seul.

Ce livre a pour objectif de vous aider à diagnostiquer les raisons pour lesquelles votre blog pourrait stagner et, plus important encore, de vous fournir des solutions concrètes pour surmonter ces obstacles. Que vous soyez un blogueur débutant cherchant à éviter les pièges courants ou un créateur de contenu expérimenté visant à optimiser votre présence en ligne, vous trouverez ici des conseils pratiques et des stratégies éprouvées.

Nous allons explorer six domaines critiques qui, lorsqu'ils sont négligés ou mal gérés, peuvent sérieusement entraver le succès de votre blog :

1. Le manque de cohérence dans la publication

2. Un contenu de faible qualité ou mal ciblé
3. Un design peu attrayant ou non professionnel
4. La négligence du SEO on-page
5. Le manque d'engagement avec la communauté
6. L'absence de stratégie de promotion
7. Les problèmes techniques affectant les performances

Chaque chapitre se concentrera sur l'un de ces aspects, en commençant par identifier les signes révélateurs du problème. Nous examinerons ensuite en détail les causes sous-jacentes et, surtout, nous vous fournirons des solutions actionnables pour y remédier.

Ce livre n'est pas seulement un guide théorique. Il s'agit d'un manuel pratique conçu pour vous accompagner pas à pas dans l'amélioration de votre blog. Vous y trouverez des conseils concrets, des exemples réels, et des exercices qui vous aideront à mettre immédiatement en pratique les concepts abordés.

Rappelez-vous : le succès d'un blog ne se résume pas à un seul facteur. C'est la combinaison harmonieuse de plusieurs éléments qui fait la différence entre un blog qui stagne et un blog qui prospère. En abordant méthodiquement chacun des points traités dans ce livre, vous serez en mesure de transformer votre blog en une plateforme dynamique, engageante et, finalement, réussie.

Préparez-vous à plonger dans une analyse approfondie de votre blog, à remettre en question vos pratiques actuelles, et à adopter de nouvelles stratégies qui propulseront votre contenu vers de nouveaux sommets. Que vous cherchiez à atteindre un public plus large, à monétiser votre passion, ou simplement à partager vos idées de manière plus efficace, ce livre vous donnera les outils nécessaires pour y parvenir.

Commençons ce voyage vers l'optimisation de votre blog. Tournez la page, et découvrez comment transformer les défis en opportunités pour faire briller votre voix unique dans la vaste blogosphère.

Chapitre 1 : Manque de cohérence dans la publication

La régularité est l'un des piliers fondamentaux d'un blog réussi. Sans elle, même le contenu le plus brillant peut passer inaperçu. Dans ce chapitre, nous allons explorer comment surmonter le manque de cohérence dans la publication, un obstacle majeur pour de nombreux blogueurs.

Pourquoi la cohérence est-elle cruciale ?

Avant de plonger dans les solutions, comprenons pourquoi la cohérence est si importante :

1. **Fidélisation du lectorat** : Des publications régulières créent une habitude chez vos lecteurs.
2. **Amélioration du référencement** : Les moteurs de recherche favorisent les sites régulièrement mis à jour.

3. **Développement de votre expertise** : La régularité vous force à approfondir continuellement vos connaissances.
4. **Augmentation de la productivité** : Un rythme régulier améliore votre efficacité à long terme.

Établir un calendrier de publication réaliste

1. Évaluez votre capacité réelle

- **Exercice pratique** : Pendant deux semaines, notez chaque jour le temps que vous pouvez consacrer à votre blog. Soyez honnête et incluez les imprévus.

2. Définissez votre fréquence de publication

- **Règle d'or** : Il vaut mieux publier moins souvent mais régulièrement, plutôt que fréquemment mais de manière irrégulière.
- **Options de fréquence** :
    - Hebdomadaire : Idéal pour la plupart des blogs
    - Bihebdomadaire : Pour ceux qui ont plus de temps ou de contenu
    - Mensuel : Minimum recommandé pour maintenir l'engagement

3. Choisissez des jours et heures fixes

- **Astuce** : Analysez vos statistiques pour déterminer quand votre audience est la plus active.
- **Exemple** : Tous les mercredis à 18h ou le premier lundi du mois à 9h.

4. Créez une réserve de contenu

- **Objectif** : Avoir toujours 3 à 5 articles d'avance.
- **Méthode** : Consacrez un week-end entier à la création de contenu pour constituer votre réserve initiale.

5. Adaptez votre calendrier aux événements saisonniers

- **Action** : Identifiez les périodes clés de votre niche (ex : Noël pour un blog de cuisine) et planifiez en conséquence.

Utiliser des outils de planification pour maintenir la régularité

1. Choisissez un outil de gestion de contenu

Options recommandées :

- **Trello** : Pour une visualisation en tableau de bord
- **Asana** : Pour une gestion plus détaillée des tâches
- **CoSchedule** : Spécialement conçu pour les blogueurs et le marketing de contenu

2. Structurez votre flux de travail

Créez un processus standardisé pour chaque article :

1. Recherche
2. Rédaction du premier jet
3. Révision
4. Création des visuels
5. Optimisation SEO
6. Publication
7. Promotion

3. Utilisez un calendrier éditorial

- **Outil gratuit** : Google Calendar
- **Méthode** : Codez par couleur les différentes étapes de votre flux de travail

4. Automatisez la publication

- **WordPress** : Utilisez la fonction de publication programmée

- **Buffer ou Hootsuite** : Pour programmer vos partages sur les réseaux sociaux

5. Mettez en place des rappels

- **Outil** : Utilisez l'application Rappels de votre smartphone ou des notifications dans votre outil de gestion de projet
- **Astuce** : Créez des rappels non seulement pour la publication, mais aussi pour chaque étape du processus

6. Surveillez et ajustez

- **Action mensuelle** : Analysez vos statistiques de publication et d'engagement
- **Questionnez-vous** : Le calendrier actuel fonctionne-t-il ? Sinon, quels ajustements sont nécessaires ?

Plan d'action pour les 30 prochains jours

1. Jour 1-2 : Évaluez votre capacité réelle de publication
2. Jour 3 : Choisissez votre fréquence et vos créneaux de publication
3. Jour 4-5 : Sélectionnez et configurez vos outils de planification
4. Jour 6-15 : Créez votre réserve de contenu (3-5 articles)

5. Jour 16 : Établissez votre calendrier éditorial pour les 3 prochains mois
6. Jour 17-30 : Suivez votre nouveau calendrier, en notant les défis et les succès

En suivant ce plan, vous transformerez progressivement votre approche de la publication, passant d'un modèle irrégulier à une machine bien huilée de création de contenu. Rappelez-vous, la clé du succès réside dans la constance et l'adaptation. Restez flexible, mais engagé envers votre calendrier, et vous verrez rapidement les bénéfices d'une publication cohérente se manifester dans la croissance de votre blog.

Chapitre 2 : Contenu de faible qualité ou mal ciblé

Un contenu de qualité, pertinent pour votre audience, est la pierre angulaire de tout blog à succès. Dans ce chapitre, nous explorerons comment améliorer la qualité de votre contenu et comment le cibler efficacement pour répondre aux besoins de vos lecteurs.

Pourquoi la qualité et le ciblage du contenu sont-ils cruciaux ?

- **Fidélisation des lecteurs** : Un contenu de qualité incite les lecteurs à revenir.
- **Crédibilité et autorité** : Des articles bien recherchés renforcent votre position d'expert.
- **Meilleur référencement** : Google privilégie le contenu de qualité et pertinent.

- **Augmentation de l'engagement** : Un contenu ciblé suscite plus de réactions et de partages.

Améliorer la recherche et la préparation de vos articles

1. Développez une méthodologie de recherche robuste

- **Utilisez des sources variées** :
    - Études académiques
    - Rapports d'industrie
    - Interviews d'experts
    - Livres de référence
    - Articles de presse spécialisée
- **Exercice pratique** : Pour chaque article, identifiez au moins 5 sources différentes avant de commencer à écrire.

2. Maîtrisez l'art de la prise de notes

- **Méthode Cornell** : Divisez votre page en trois sections : notes principales, mots-clés, et résumé.
- **Outil numérique** : Utilisez Evernote ou OneNote pour organiser vos recherches par thèmes.

3. Créez des mind maps pour structurer vos idées

- **Outil recommandé** : MindMeister ou XMind
- **Technique** : Placez votre sujet principal au centre et développez des branches pour chaque sous-thème.

4. Établissez un processus de vérification des faits

- **Double-vérification** : Confirmez chaque fait avec au moins deux sources fiables.
- **Outil de fact-checking** : Utilisez Snopes ou FactCheck.org pour les informations controversées.

5. Développez une base de connaissances personnelle

- **Créez un wiki personnel** : Utilisez un outil comme TiddlyWiki pour centraliser vos connaissances.
- **Routine quotidienne** : Consacrez 30 minutes par jour à enrichir votre base de connaissances.

Adapter votre contenu aux besoins de votre audience

1. Créez des personas détaillées de vos lecteurs

- **Éléments à inclure** :
    - Données démographiques
    - Intérêts
    - Défis professionnels
    - Objectifs personnels
    - Habitudes de consommation de contenu
- **Outil** : Utilisez Xtensio pour créer des personas visuelles.

2. Menez des enquêtes régulières auprès de votre audience

- **Fréquence** : Tous les trimestres
- **Outils** : Google Forms ou SurveyMonkey
- **Questions clés** :
    - Quels sont vos plus grands défis actuels ?
    - Quels sujets aimeriez-vous voir traités sur le blog ?
    - Quel format de contenu préférez-vous ?

3. Analysez vos statistiques de blog

- **Métriques à surveiller** :
    - Temps passé sur la page
    - Taux de rebond
    - Partages sociaux
    - Commentaires
- **Outil** : Google Analytics ou Matomo

4. Utilisez la technique de l'entonnoir de contenu

- **Structure** :
    1. Contenu de sensibilisation (TOFU - Top of the Funnel)
    2. Contenu de considération (MOFU - Middle of the Funnel)
    3. Contenu de décision (BOFU - Bottom of the Funnel)
- **Exercice** : Pour chaque sujet principal, créez un article pour chaque niveau de l'entonnoir.

5. Adoptez le storytelling data-driven

- **Collectez des données uniques** : Menez vos propres mini-études ou sondages.

- **Visualisez les données** : Utilisez Canva ou Piktochart pour créer des infographies.

6. Optimisez votre contenu pour la recherche vocale

- **Technique** : Structurez certains de vos contenus sous forme de questions-réponses.
- **Outil** : Utilisez AnswerThePublic pour trouver les questions courantes sur votre sujet.

Plan d'action pour améliorer la qualité et le ciblage de votre contenu

1. **Semaine 1** : Créez vos personas de lecteurs et menez une enquête auprès de votre audience.
2. **Semaine 2** : Mettez en place votre système de prise de notes et commencez votre wiki personnel.
3. **Semaine 3** : Choisissez un sujet et appliquez la technique de l'entonnoir de contenu pour créer trois articles interconnectés.
4. **Semaine 4** : Analysez vos statistiques de blog et ajustez votre stratégie de contenu en conséquence.

5. **Semaine 5-6** : Créez un article utilisant le storytelling data-driven, de la collecte de données à la publication.
6. **Semaine 7-8** : Révisez vos articles les plus performants pour les optimiser pour la recherche vocale.

En suivant ce plan, vous transformerez progressivement la qualité et la pertinence de votre contenu. Rappelez-vous que l'amélioration est un processus continu. Restez à l'écoute de votre audience, soyez curieux, et n'ayez pas peur d'expérimenter avec différents formats et sujets. Avec le temps, vous développerez un instinct pour le type de contenu qui résonne le mieux avec vos lecteurs.

Chapitre 3 : Design peu attrayant ou non professionnel

Un design attrayant et professionnel est crucial pour le succès de votre blog. Il influence non seulement la première impression des visiteurs, mais aussi leur décision de rester et d'explorer votre contenu. Dans ce chapitre, nous allons explorer comment choisir un thème adapté à votre niche et optimiser l'expérience utilisateur de votre blog.

L'importance d'un design de qualité

- **Crédibilité** : Un design professionnel renforce la confiance des lecteurs.
- **Engagement** : Un blog attrayant encourage les visiteurs à explorer davantage.
- **Rétention** : Une bonne UX incite les lecteurs à revenir.
- **Conversion** : Un design efficace peut augmenter les taux de conversion (inscriptions, ventes, etc.).

Choisir un thème adapté à votre niche

1. Analysez votre niche et votre audience

Exercice : Créez un tableau avec les caractéristiques de votre niche (formelle, créative, technique, etc.) et les préférences de votre audience.

2. Définissez vos besoins fonctionnels

Liste de contrôle :

- Compatibilité mobile
- Options de personnalisation
- Intégration de médias sociaux
- Support de plugins essentiels
- Options de mise en page flexibles

3. Recherchez l'inspiration

- **Action** : Visitez 10 blogs populaires dans votre niche et notez les éléments de design que vous appréciez.
- **Outil** : Utilisez Pinterest pour créer un tableau d'ambiance (mood board) pour votre blog.

4. Explorez les options de thèmes

- **Plateformes de thèmes WordPress** :
  - ThemeForest
  - Elegant Themes
  - StudioPress (pour les thèmes Genesis)
- **Considérations** :
  - Lisez les avis des utilisateurs
  - Vérifiez la fréquence des mises à jour
  - Examinez la qualité du support client

5. Testez avant d'acheter

- **Méthode** : Utilisez les démos en direct pour tester la navigation et la réactivité.
- **Outil** : Utilisez Google Chrome DevTools pour simuler différents appareils.

6. Personnalisez votre thème

- **Actions** :
  - Adaptez les couleurs à votre identité de marque
  - Choisissez des polices lisibles et cohérentes
  - Personnalisez les widgets pour refléter votre contenu
- **Outil** : Utilisez Coolors.co pour créer une palette de couleurs harmonieuse.

Optimiser l'expérience utilisateur (UX) de votre blog

1. Simplifiez la navigation

- **Principe** : Règle des 3 clics (l'utilisateur doit pouvoir accéder à n'importe quelle information en 3 clics maximum)
- **Actions** :
  - Créez un menu principal clair et concis
  - Ajoutez une barre de recherche bien visible
  - Implémentez des catégories et des tags pertinents

2. Améliorez la lisibilité

- **Techniques** :
  - Utilisez un contraste élevé entre le texte et le fond
  - Choisissez une taille de police d'au moins 16px pour le corps du texte
  - Limitez la largeur des lignes à 50-75 caractères
- **Outil** : Utilisez WebAIM Color Contrast Checker pour vérifier le contraste.

3. Optimisez les temps de chargement

- **Actions** :
  - Compressez les images avec TinyPNG
  - Utilisez un plugin de mise en cache comme WP Rocket
  - Optez pour un hébergeur de qualité
- **Outil** : Testez la vitesse de votre site avec Google PageSpeed Insights

4. Rendez votre blog accessible

- **Techniques** :
  - Ajoutez des textes alternatifs aux images
  - Utilisez des en-têtes de manière hiérarchique (H1, H2, H3...)
  - Assurez-vous que votre site est navigable au clavier
- **Outil** : Utilisez WAVE Web Accessibility Evaluation Tool pour vérifier l'accessibilité.

5. Créez une mise en page cohérente

- **Principe** : Utilisez une grille pour aligner vos éléments
- **Outil** : Si vous personnalisez en profondeur, considérez un framework CSS comme Bootstrap ou Tailwind.

6. Optimisez pour mobile

- **Techniques** :
    - Utilisez des boutons suffisamment grands pour être cliqués au doigt
    - Évitez les pop-ups intrusifs sur mobile
    - Testez votre site sur différents appareils
- **Outil** : Utilisez l'outil Mobile-Friendly Test de Google

7. Intégrez des appels à l'action (CTA) efficaces

- **Principes** :
    - Utilisez des verbes d'action
    - Créez un sentiment d'urgence
    - Assurez-vous que vos CTA contrastent avec le reste de la page
- **Exemple** : "Téléchargez votre guide gratuit maintenant !"

Plan d'action pour améliorer le design et l'UX de votre blog

1. **Jours 1-2** : Analysez votre niche et créez votre tableau d'ambiance.
2. **Jours 3-5** : Recherchez et sélectionnez un thème adapté.

3. **Jours 6-10** : Personnalisez votre thème (couleurs, polices, mise en page).
4. **Jours 11-15** : Optimisez la navigation et la structure de votre blog.
5. **Jours 16-20** : Améliorez la lisibilité et l'accessibilité.
6. **Jours 21-25** : Optimisez les performances et les temps de chargement.
7. **Jours 26-28** : Testez et optimisez l'expérience mobile.
8. **Jours 29-30** : Intégrez et testez vos appels à l'action.

En suivant ce plan, vous transformerez progressivement l'apparence et la convivialité de votre blog. N'oubliez pas que le design et l'UX sont des processus continus. Sollicitez régulièrement les retours de vos lecteurs et n'hésitez pas à faire des ajustements en fonction de leurs commentaires et de vos analyses de performances.

Chapitre 4 : Négligence du SEO on-page

Le SEO on-page est un élément crucial pour améliorer la visibilité de votre blog dans les moteurs de recherche. Négliger cet aspect peut sérieusement limiter votre potentiel de trafic organique. Dans ce chapitre, nous allons explorer comment optimiser vos titres, méta-descriptions et balises H, ainsi que comment améliorer la structure interne de vos liens pour booster votre SEO.

L'importance du SEO on-page

- **Visibilité** : Améliore votre classement dans les résultats de recherche
- **Trafic ciblé** : Attire des visiteurs intéressés par votre contenu
- **Expérience utilisateur** : Facilite la navigation et la compréhension de votre contenu
- **Autorité** : Renforce la crédibilité de votre site aux yeux des moteurs de recherche

Optimiser vos titres, méta-descriptions et balises H

1. Titres de pages et d'articles (balise title)

- **Longueur idéale** : 50-60 caractères
- **Structure recommandée** : Mot-clé principal | Nom de la marque
- **Techniques** :
    - Placez le mot-clé principal au début
    - Utilisez des chiffres et des adjectifs accrocheurs
    - Évitez le bourrage de mots-clés
- **Exemple** : "10 Astuces SEO Incontournables | MonBlogSEO"
- **Outil** : Utilisez le plugin Yoast SEO pour WordPress pour prévisualiser vos titres

2. Méta-descriptions

- **Longueur idéale** : 150-160 caractères
- **Éléments à inclure** :
    - Mot-clé principal
    - Proposition de valeur unique
    - Appel à l'action (CTA)
- **Exemple** : "Découvrez 10 astuces SEO testées et approuvées pour booster votre trafic organique. Apprenez à optimiser votre site comme un pro. Cliquez pour en savoir plus !"

- **Outil** : Utilisez SEOmofo pour simuler l'apparence de vos méta-descriptions dans les SERP

3. Balises H (H1, H2, H3, etc.)

- **Hiérarchie** :
    - H1 : Titre principal de la page (une seule fois par page)
    - H2 : Sous-titres principaux
    - H3-H6 : Sous-sections
- **Bonnes pratiques** :
    - Incluez des mots-clés de manière naturelle
    - Gardez-les concises et descriptives
    - Utilisez une structure cohérente
- **Exemple de structure** :

    H1 : 10 Astuces SEO Incontournables pour Booster votre Trafic

    H2 : 1. Optimisation des mots-clés

    H3 : Recherche de mots-clés

    H3 : Placement stratégique des mots-clés

    H2 : 2. Création de contenu de qualité

    H3 : Longueur optimale des articles

H3 : Fréquence de publication

- **Outil** : Utilisez Screaming Frog pour analyser la structure de vos balises H

4. Optimisation du contenu

- **Densité de mots-clés** : Visez 1-2% (sans forcer)
- **Longueur du contenu** : Minimum 300 mots, idéalement 1000+ pour les articles approfondis
- **Techniques** :
    - Utilisez des variations de mots-clés
    - Intégrez des mots-clés LSI (Latent Semantic Indexing)
    - Structurez votre contenu avec des paragraphes courts et des listes à puces
- **Outil** : Utilisez SEMrush Writing Assistant pour optimiser votre contenu en temps réel

Améliorer la structure interne de vos liens

1. Comprendre l'importance des liens internes

- **Avantages** :

- Aide les moteurs de recherche à comprendre la structure de votre site
- Distribue le "link juice" (autorité de page)
- Améliore la navigation pour les utilisateurs

2. Créer une structure de site logique

- **Technique** : Utilisez le modèle de silo
  - Organisez votre contenu en catégories principales (silos)
  - Liez les articles connexes au sein d'un même silo
  - Créez des pages piliers pour chaque silo
- **Outil** : Utilisez Gliffy pour créer un diagramme de votre structure de site

3. Optimiser l'ancrage des liens internes

- **Bonnes pratiques** :
  - Utilisez des mots-clés pertinents comme texte d'ancrage
  - Variez vos textes d'ancrage pour éviter la sur-optimisation
  - Assurez-vous que le texte d'ancrage décrit clairement la page liée

- **Exemple** : Au lieu de "cliquez ici", utilisez "astuces pour l'optimisation des mots-clés"

4. Équilibrer la distribution des liens

- **Règle générale** : Visez 2-3 liens internes par 1000 mots de contenu
- **Priorité** : Liez vers vos pages les plus importantes et les plus pertinentes
- **Outil** : Utilisez le plugin Internal Link Juicer pour WordPress pour suggérer automatiquement des liens internes pertinents

5. Utiliser les liens de navigation (breadcrumbs)

- **Avantages** :
    - Améliore la navigation pour les utilisateurs
    - Aide les moteurs de recherche à comprendre la hiérarchie de votre site
- **Mise en place** : Utilisez un plugin comme Breadcrumb NavXT pour WordPress

6. Optimiser vos URL

- **Structure recommandée** : www.votresite.com/categorie/sous-categorie/titre-de-larticle
- **Bonnes pratiques** :
  - Utilisez des mots-clés dans l'URL
  - Gardez-les courtes et descriptives
  - Utilisez des tirets (-) pour séparer les mots
- **Exemple** : www.monblogseo.com/seo-on-page/optimisation-titres-meta-descriptions

Plan d'action pour améliorer votre SEO on-page

1. **Jours 1-3** : Auditez vos titres, méta-descriptions et balises H avec Screaming Frog
2. **Jours 4-7** : Optimisez les titres et méta-descriptions de vos 10 pages les plus importantes
3. **Jours 8-10** : Restructurez les balises H de vos 5 articles les plus populaires
4. **Jours 11-15** : Créez un diagramme de la structure de votre site et identifiez les opportunités d'amélioration
5. **Jours 16-20** : Implémentez une structure de silo pour vos principales catégories de contenu
6. **Jours 21-25** : Ajoutez des liens internes stratégiques à vos 20 articles les plus performants

7. **Jours 26-28** : Mettez en place des breadcrumbs sur votre site
8. **Jours 29-30** : Analysez et optimisez la structure de vos URL

En suivant ce plan, vous améliorerez significativement le SEO on-page de votre blog. N'oubliez pas que le SEO est un processus continu. Surveillez régulièrement vos performances avec des outils comme Google Search Console et Google Analytics, et ajustez votre stratégie en fonction des résultats obtenus.

Chapitre 5 : Manque d'engagement avec la communauté

L'engagement avec la communauté est un élément crucial pour le succès d'un blog. Il contribue à fidéliser votre audience, à améliorer votre contenu et à établir votre autorité dans votre niche. Dans ce chapitre, nous explorerons comment encourager et répondre aux commentaires, ainsi que comment participer activement dans les communautés liées à votre niche.

L'importance de l'engagement communautaire

- **Fidélisation** : Transforme les lecteurs occasionnels en fans dévoués
- **Feedback** : Fournit des insights précieux pour améliorer votre contenu
- **Autorité** : Renforce votre crédibilité dans votre domaine
- **Visibilité** : Augmente votre portée grâce au bouche-à-oreille numérique

Encourager et répondre aux commentaires

1. Créer un environnement propice aux commentaires

- **Simplifiez le processus de commentaire** :
    - Utilisez un système de commentaires convivial (ex : Disqus, WordPress natif)
    - Permettez la connexion via les réseaux sociaux
    - Évitez les CAPTCHA complexes
- **Placez la section commentaires de manière visible** :
    - Utilisez un design clair et attrayant
    - Ajoutez un CTA à la fin de chaque article pour encourager les commentaires

2. Poser des questions ouvertes

- **À la fin de chaque article** :
    - "Quelle a été votre expérience avec [sujet de l'article] ?"
    - "Quel conseil ajouteriez-vous à cette liste ?"
- **Dans les réseaux sociaux** :
    - Créez des sondages liés à votre contenu

- Demandez l'avis de votre audience sur vos futurs sujets d'articles

3. Répondre rapidement et de manière engageante

- **Définissez une politique de réponse :**
  - Visez à répondre dans les 24 heures
  - Créez des modèles de réponses pour les questions fréquentes
- **Personnalisez vos réponses :**
  - Adressez-vous aux commentateurs par leur nom
  - Faites référence à des points spécifiques de leur commentaire
- **Encouragez la conversation :**
  - Posez des questions de suivi
  - Partagez des ressources supplémentaires pertinentes

4. Gérer les commentaires négatifs

- **Restez professionnel et empathique :**
  - Reconnaissez le problème soulevé
  - Offrez une solution ou une explication
  - Invitez à poursuivre la conversation en privé si nécessaire

- **Établissez des règles de communauté claires** :
    - Publiez une politique de modération des commentaires
    - Supprimez les commentaires offensants ou spam

5. Encourager l'engagement entre commentateurs

- **Mettez en avant les commentaires pertinents** :
    - Utilisez une fonction de "meilleurs commentaires"
    - Mentionnez les commentaires intéressants dans vos articles
- **Facilitez les notifications** :
    - Permettez aux utilisateurs de s'abonner aux réponses
    - Envoyez des notifications par email pour les nouvelles réponses

6. Utiliser les commentaires comme source d'inspiration

- **Créez du contenu basé sur les questions fréquentes** :
    - Rédigez des articles FAQ
    - Développez les sujets populaires dans les commentaires

- **Mentionnez les commentateurs dans vos nouveaux articles** :
    - "Comme l'a suggéré notre lecteur [nom] dans les commentaires..."

Participer activement dans les communautés liées à votre niche

1. Identifier les communautés pertinentes

- **Plateformes à explorer** :
    - Forums spécialisés (ex : Reddit, Quora)
    - Groupes Facebook
    - Communautés LinkedIn
    - Twitter (suivre les hashtags pertinents)
- **Outil** : Utilisez BuzzSumo pour identifier les influenceurs et les communautés actives dans votre niche

2. Établir votre présence

- **Créez des profils complets** :
    - Utilisez une photo de profil professionnelle
    - Rédigez une bio percutante incluant un lien vers votre blog
- **Observez avant d'interagir** :

- Familiarisez-vous avec les règles et la culture de chaque communauté
  - Identifiez les membres influents et les sujets récurrents

3. Contribuer de manière significative

- **Partagez votre expertise** :
  - Répondez aux questions de manière détaillée et utile
  - Partagez des anecdotes personnelles pertinentes
- **Soyez cohérent** :
  - Établissez un calendrier de participation (ex : 30 minutes par jour)
  - Utilisez un outil comme Hootsuite pour gérer vos interactions sur plusieurs plateformes

4. Promouvoir subtilement votre contenu

- **Règle du 80/20** :
  - 80% de contributions désintéressées
  - 20% de promotion de votre contenu
- **Techniques de promotion douce** :

- Mentionnez votre blog uniquement lorsque c'est pertinent
- Utilisez votre signature de forum pour promouvoir votre blog

5. Construire des relations

- **Connectez-vous avec d'autres experts** :
  - Commentez régulièrement leurs contributions
  - Proposez des collaborations (interviews, articles invités)
- **Organisez des événements communautaires** :
  - Webinaires
  - Sessions de questions-réponses en direct
  - Meetups virtuels ou physiques

6. Analyser et ajuster votre stratégie

- **Mesurez votre impact** :
  - Suivez le trafic provenant des communautés
  - Surveillez l'évolution de votre réputation en ligne
- **Outils** :
  - Google Analytics pour le trafic

- Mention pour surveiller votre réputation en ligne

Plan d'action pour améliorer l'engagement communautaire

1. **Jours 1-3** : Auditez votre système de commentaires actuel et optimisez-le
2. **Jours 4-7** : Créez une stratégie de réponse aux commentaires et des modèles de réponse
3. **Jours 8-10** : Identifiez 5 communautés pertinentes pour votre niche
4. **Jours 11-15** : Créez des profils complets sur ces communautés et observez les interactions
5. **Jours 16-20** : Commencez à contribuer activement dans ces communautés (au moins 3 contributions par jour)
6. **Jours 21-25** : Analysez les commentaires récents sur votre blog et créez du contenu basé sur les questions fréquentes
7. **Jours 26-28** : Organisez un petit événement communautaire (ex : session Q&A en direct)
8. **Jours 29-30** : Évaluez vos progrès, ajustez votre stratégie et planifiez les actions futures

En suivant ce plan, vous améliorerez significativement votre engagement communautaire. Rappelez-vous que construire une communauté active prend du temps et de la cohérence. Soyez patient, authentique et toujours à l'écoute de votre audience. Avec le temps, vous verrez se former une communauté fidèle et engagée autour de votre blog.

Chapitre 6 : Absence de stratégie de promotion

Une stratégie de promotion efficace est essentielle pour assurer la visibilité de votre blog et attirer de nouveaux lecteurs. Sans elle, même le contenu le plus brillant peut passer inaperçu. Dans ce chapitre, nous explorerons comment développer un plan de promotion pour chaque article et utiliser efficacement les médias sociaux pour partager votre contenu.

L'importance d'une stratégie de promotion

- **Visibilité** : Augmente l'exposition de votre contenu au-delà de votre audience existante
- **Trafic** : Attire de nouveaux visiteurs sur votre blog
- **Autorité** : Renforce votre position d'expert dans votre domaine
- **Engagement** : Stimule les interactions avec votre contenu

- **SEO** : Améliore votre référencement grâce aux signaux sociaux et aux backlinks

Développer un plan de promotion pour chaque article

1. Créer une check-list de pré-publication

- **Éléments à inclure** :
    - Optimisation SEO (titre, méta-description, mots-clés)
    - Images attrayantes et optimisées pour les réseaux sociaux
    - Appels à l'action (CTA) stratégiquement placés
    - Liens internes et externes pertinents
- **Outil** : Créez un modèle dans Trello ou Asana pour systématiser ce processus

2. Identifier les canaux de promotion appropriés

- **Analysez votre audience** :
    - Utilisez Google Analytics pour déterminer d'où vient votre trafic actuel

- - Créez des personas de lecteurs pour comprendre leurs habitudes en ligne
- **Canaux potentiels** :
  - Réseaux sociaux (Twitter, Facebook, LinkedIn, Instagram)
  - Plateformes de partage de contenu (Medium, Reddit)
  - Newsletters par e-mail
  - Communautés en ligne spécialisées

3. Créer du contenu promotionnel adapté à chaque canal

- **Variez les formats** :
  - Citations visuelles pour Instagram
  - Threads concis pour Twitter
  - Résumés détaillés pour LinkedIn
  - Stories éphémères pour Facebook et Instagram
- **Outil** : Utilisez Canva pour créer rapidement des visuels adaptés à chaque plateforme

4. Planifier un calendrier de promotion

- **Établissez un planning sur plusieurs semaines** :

        - Jour 1 : Publication initiale sur tous les canaux
        - Jours 2-7 : Partages quotidiens avec différents angles
        - Semaines 2-4 : Partages hebdomadaires
        - Mois 2-6 : Partages mensuels pour le contenu evergreen
    - **Outil** : Utilisez CoSchedule ou Buffer pour planifier vos publications à l'avance

5. Impliquer des influenceurs et experts

    - **Techniques** :
        - Mentionnez et taguez les experts cités dans votre article
        - Demandez des citations exclusives à inclure dans votre contenu
        - Proposez des collaborations ou des échanges de contenu
    - **Outil** : Utilisez BuzzSumo pour identifier les influenceurs dans votre niche

6. Optimiser pour le partage

    - **Facilitez le partage** :
        - Ajoutez des boutons de partage social bien visibles
        - Incluez des "click-to-tweet" pour les citations clés

- - Créez des images Pinterest-friendly
- **Plugin WordPress** : Social Warfare pour des options de partage avancées

7. Recycler et repurpose votre contenu

- **Créez du contenu dérivé** :
  - Infographies résumant les points clés
  - Podcasts discutant du sujet en profondeur
  - Vidéos courtes pour les réseaux sociaux
- **Outil** : Utilisez Lumen5 pour transformer automatiquement vos articles en vidéos

Utiliser efficacement les médias sociaux pour partager votre contenu

1. Optimiser vos profils sociaux

- **Éléments clés** :
  - Bio claire et concise incluant votre proposition de valeur unique
  - Lien vers votre blog ou une landing page spécifique

- Image de profil et de couverture cohérentes avec votre marque
- **Outil** : Utilisez Landscape by Sprout Social pour redimensionner vos images pour chaque plateforme

2. Adapter votre contenu à chaque plateforme

- **Twitter** :
    - Utilisez des hashtags pertinents (2-3 maximum)
    - Posez des questions pour encourager l'engagement
    - Participez à des chats Twitter liés à votre niche
- **Facebook** :
    - Privilégiez les vidéos natives et les images de haute qualité
    - Utilisez Facebook Live pour discuter de vos articles
    - Créez des groupes thématiques liés à votre blog
- **LinkedIn** :
    - Publiez des articles natifs en plus de partager vos liens
    - Engagez-vous dans les commentaires des publications pertinentes
    - Utilisez LinkedIn Publisher pour republier vos meilleurs contenus
- **Instagram** :

- Utilisez Instagram Stories pour partager des aperçus de vos articles
- Créez des carrousels éducatifs basés sur vos contenus
- Utilisez IGTV pour des vidéos plus longues liées à vos sujets

3. Engager votre audience

- **Techniques** :
  - Répondez rapidement aux commentaires et messages
  - Posez des questions ouvertes pour stimuler la conversation
  - Organisez des Q&A en direct sur vos sujets d'expertise
- **Outil** : Utilisez Hootsuite ou Agorapulse pour gérer toutes vos interactions sociales depuis une seule interface

4. Utiliser la publicité sociale de manière stratégique

- **Facebook Ads** :
  - Créez des audiences similaires basées sur vos lecteurs existants
  - Testez différents formats (carrousels, vidéos, images statiques)
- **Twitter Ads** :

- - Ciblez les followers de comptes similaires au vôtre
  - Utilisez le remarketing pour toucher les visiteurs de votre blog
- **LinkedIn Ads** :
  - Ciblez par poste, secteur ou compétences pour un contenu B2B
- **Outil** : Utilisez AdEspresso pour optimiser vos campagnes publicitaires sur Facebook

5. Analyser et ajuster votre stratégie

- **Métriques clés à suivre** :
  - Taux d'engagement (likes, commentaires, partages)
  - Trafic référé vers votre blog
  - Taux de conversion (inscriptions newsletter, téléchargements)
- **Outils** :
  - Google Analytics pour le trafic et les conversions
  - Outils natifs de chaque plateforme pour les métriques d'engagement
  - Sprout Social ou Hootsuite pour des rapports sociaux détaillés

Plan d'action pour améliorer votre stratégie de promotion

1. **Jours 1-3** : Auditez vos canaux de promotion actuels et identifiez les lacunes
2. **Jours 4-7** : Créez votre check-list de pré-publication et votre modèle de plan de promotion
3. **Jours 8-10** : Optimisez vos profils sur les principales plateformes sociales
4. **Jours 11-15** : Développez un calendrier de contenu pour les 4 prochaines semaines, incluant le contenu original et recyclé
5. **Jours 16-20** : Créez du contenu promotionnel adapté pour chaque plateforme sociale principale
6. **Jours 21-25** : Mettez en place un système de suivi et d'analyse de vos efforts de promotion
7. **Jours 26-28** : Lancez une petite campagne publicitaire test sur la plateforme la plus pertinente pour votre audience
8. **Jours 29-30** : Analysez les résultats de vos premiers efforts et ajustez votre stratégie en conséquence

En suivant ce plan, vous développerez une stratégie de promotion solide et efficace pour votre blog. N'oubliez pas que la promotion est un processus continu qui nécessite de la cohérence et de l'adaptation. Restez à l'écoute de votre audience, testez différentes approches et affinez constamment votre stratégie pour maximiser l'impact de votre contenu.

Chapitre 7 : Problèmes techniques affectant les performances

Les problèmes techniques peuvent sérieusement entraver les performances de votre site web, impactant négativement l'expérience utilisateur et votre classement dans les moteurs de recherche. Ce chapitre se concentre sur deux aspects cruciaux : l'optimisation de la vitesse de chargement et la résolution des problèmes de compatibilité mobile.

Optimiser la vitesse de chargement de votre site

1. Compressez les images :
- Utilisez des outils comme TinyPNG ou Squoosh
- Adoptez des formats modernes comme WebP
- Implémentez le chargement progressif des images

2. Mettez en place un système de mise en cache :
- Configurez un cache côté serveur avec Varnish ou Memcached
- Utilisez un plugin de mise en cache pour WordPress comme W3 Total Cache
- Activez le cache du navigateur via les en-têtes HTTP

3. Minimisez les fichiers CSS, JavaScript et HTML :
- Utilisez des outils comme UglifyJS pour JavaScript
- Employez CleanCSS pour les feuilles de style
- Automatisez la minification avec Gulp ou Webpack

4. Implémentez un réseau de diffusion de contenu (CDN) :
- Choisissez un fournisseur CDN comme Cloudflare ou Amazon CloudFront
- Configurez votre domaine pour utiliser le CDN
- Assurez-vous que les ressources statiques sont servies via le CDN

5. Optimisez les requêtes de base de données :
- Indexez correctement vos tables
- Utilisez des requêtes préparées
- Mettez en cache les résultats de requêtes fréquentes

- Nettoyez régulièrement votre base de données

6. Activez la compression Gzip :
- Configurez votre serveur web (Apache, Nginx) pour utiliser Gzip
- Vérifiez que tous les types de fichiers appropriés sont compressés

7. Éliminez les redirections inutiles :
- Auditez votre site pour identifier les redirections
- Mettez à jour les liens internes pour pointer directement vers les URL finales
- Utilisez des outils comme Screaming Frog pour détecter les redirections en chaîne

8. Chargez les ressources de manière asynchrone :
- Utilisez les attributs "async" et "defer" pour les scripts non essentiels
- Implémentez le chargement paresseux (lazy loading) pour les images et vidéos
- Priorisez le chargement du contenu visible en premier (above the fold)

9. Optimisez les polices web :
- Limitez le nombre de polices utilisées
- Préférez le format WOFF2 pour une meilleure compression
- Utilisez la technique de chargement FOIT (Flash of Invisible Text) ou FOUT (Flash of Unstyled Text)

10. Améliorez le temps de réponse du serveur :
- Optez pour un hébergement performant et adapté à votre trafic
- Configurez correctement PHP-FPM ou des workers si vous utilisez PHP
- Utilisez un serveur web rapide comme Nginx ou LiteSpeed

Résoudre les problèmes de compatibilité mobile

1. Adoptez un design responsive :
- Utilisez des grilles fluides avec Flexbox ou CSS Grid
- Définissez des breakpoints appropriés pour différentes tailles d'écran
- Testez votre design sur divers appareils réels

2. Optimisez la taille des éléments tactiles :
- Assurez-vous que les boutons et liens mesurent au moins 44x44 pixels
- Espacez suffisamment les éléments cliquables pour éviter les erreurs de frappe

3. Simplifiez la navigation mobile :
- Implémentez un menu hamburger ou un système de navigation adapté aux petits écrans
- Utilisez des menus déroulants pour les sous-catégories

- Assurez-vous que le menu est facilement accessible d'une seule main

4. Optimisez les formulaires pour mobile :
- Utilisez les types d'input HTML5 appropriés (tel, email, date)
- Activez l'auto-complétion quand c'est pertinent
- Minimisez le nombre de champs requis

5. Améliorez la lisibilité du texte :
- Utilisez une taille de police d'au moins 16px pour le corps du texte
- Assurez un contraste suffisant entre le texte et l'arrière-plan
- Augmentez l'interlignage pour une meilleure lisibilité sur petit écran

6. Gérez correctement le viewport :
- Utilisez la balise meta viewport appropriée
- Désactivez le zoom automatique sur les champs de formulaire
- Permettez le zoom manuel pour l'accessibilité

7. Optimisez les images pour le mobile :
- Utilisez des images responsives avec l'attribut srcset
- Servez des images de taille appropriée selon la résolution de l'écran
- Compressez davantage les images pour les connexions lentes

8. Évitez les technologies non supportées :
- Remplacez Flash par des solutions HTML5
- Utilisez des alternatives aux hover effects sur mobile
- Assurez-vous que tout le contenu est accessible sans plugins

9. Implémentez le chargement progressif :
- Utilisez l'Intersection Observer API pour le lazy loading
- Chargez d'abord le contenu essentiel, puis les éléments secondaires
- Optimisez le First Contentful Paint (FCP) pour une expérience rapide

10. Testez et surveillez les performances mobiles :
- Utilisez Google's Mobile-Friendly Test régulièrement
- Surveillez les Core Web Vitals spécifiques au mobile
- Effectuez des tests d'utilisabilité réels sur différents appareils

En mettant en œuvre ces optimisations, vous améliorerez significativement les performances techniques de votre site, offrant une meilleure expérience utilisateur sur tous les appareils et potentiellement un meilleur classement dans les résultats de recherche.

CONCLUSION

Au terme de ce voyage à travers les méandres du blogging réussi, nous espérons que vous vous sentez mieux armé pour transformer votre blog en une plateforme florissante. Le chemin que nous avons parcouru ensemble a mis en lumière les pièges les plus courants qui guettent les blogueurs, mais surtout, il vous a fourni un arsenal de solutions concrètes pour les surmonter.

Rappelons les points clés que nous avons abordés :

1. La cohérence dans la publication, véritable colonne vertébrale de votre blog
2. La création de contenu de qualité, ciblé et pertinent pour votre audience
3. L'importance d'un design professionnel et attrayant
4. Les techniques de SEO on-page pour améliorer votre visibilité
5. L'art de l'engagement communautaire pour fidéliser vos lecteurs
6. Les stratégies de promotion efficaces pour élargir votre audience

7. L'optimisation technique pour des performances optimales

Chacun de ces aspects contribue de manière significative au succès de votre blog. Néanmoins, il est crucial de comprendre que le blogging n'est pas une science exacte, mais plutôt un art en constante évolution. Ce qui fonctionne aujourd'hui pourrait nécessiter des ajustements demain. C'est pourquoi l'apprentissage continu et l'adaptation sont essentiels dans votre parcours de blogueur.

N'oubliez pas que le succès ne se mesure pas uniquement en termes de chiffres. Certes, le trafic, les partages et les revenus sont importants, mais la vraie réussite réside dans votre capacité à toucher votre audience, à apporter de la valeur et à exprimer votre voix unique. Chaque commentaire engagé, chaque lecteur fidélisé, chaque vie impactée par votre contenu est une victoire en soi.

Alors que vous mettez en pratique les stratégies et conseils de ce livre, gardez à l'esprit que la patience est votre alliée. Les changements significatifs prennent du temps à se manifester. Restez constants dans vos efforts, analysez régulièrement vos résultats, et n'ayez pas peur d'expérimenter de nouvelles approches.

Rappelez-vous également que derrière chaque blog à succès se cache un blogueur passionné. Votre enthousiasme pour votre sujet est votre plus grand atout. Cultivez-le, nourrissez-le, et laissez-le transparaître dans chacun de vos articles.

En fin de compte, le succès de votre blog dépend de votre capacité à créer une expérience unique et enrichissante pour vos lecteurs. En combinant les aspects techniques que nous avons discutés avec votre créativité et votre authenticité, vous avez tous les ingrédients nécessaires pour faire de votre blog une référence dans votre domaine.

Alors que vous fermez ce livre, considérez-le non pas comme la fin de votre apprentissage, mais comme le début d'une nouvelle phase passionnante dans votre aventure de blogging. Les défis que vous rencontrerez sont autant d'opportunités d'apprendre, de grandir et d'affiner votre voix.

Nous vous encourageons à revisiter régulièrement les chapitres de ce livre, à mesure que vous progressez dans votre parcours. Chaque relecture pourrait vous apporter de nouvelles perspectives, adaptées à l'évolution de votre blog et de vos objectifs.

Enfin, n'oubliez jamais que vous faites partie d'une communauté mondiale de blogueurs. N'hésitez pas à partager vos expériences, à demander conseil, et à offrir votre soutien à d'autres créateurs de contenu. C'est en collaborant et en s'entraidant que nous faisons tous progresser la blogosphère.

Votre blog a le potentiel de devenir bien plus qu'un simple site web - il peut être un catalyseur de changement, une source d'inspiration, et un espace de connexion authentique. Avec les outils et les connaissances que vous avez maintenant en main, vous êtes prêt à transformer votre blog en une plateforme qui résonne, inspire et prospère.

Alors, qu'attendez-vous ? Il est temps de mettre ces idées en pratique. Votre blog - et vos lecteurs - n'attendent que vous pour briller. Bonne chance dans votre aventure de blogging, et que votre voix unique résonne à travers le web !

Comment Générer du Trafic

Techniques Ultimes pour Booster la Visibilité de Votre Blog

Introduction : Comment Générer du Trafic : Techniques Ultimes pour Booster la Visibilité de Votre Blog

Dans un monde où des millions de blogs sont créés chaque jour, la vraie question n'est plus seulement de savoir comment écrire du bon contenu, mais comment rendre ce contenu visible. C'est là que réside tout l'enjeu de ce livre : vous guider à travers les techniques les plus efficaces pour attirer du trafic qualifié sur votre blog et développer votre audience.

Vous avez peut-être déjà entendu parler de SEO, de marketing de contenu ou de réseaux sociaux, mais ce livre va bien au-delà des bases. Il vous propose une approche stratégique et actionnable pour vous permettre de dominer les résultats de recherche, d'exploiter le potentiel des plateformes sociales et de créer des contenus durables qui attirent et convertissent.

Au fil des chapitres, vous découvrirez comment :

- Maîtriser les techniques de référencement naturel (SEO) pour optimiser chaque page de votre blog.
- Utiliser les mots-clés et optimiser votre contenu pour apparaître dans les featured snippets, ces précieuses réponses directes affichées par Google.
- Créer une présence impactante sur les réseaux sociaux en adaptant votre stratégie de contenu à chaque plateforme, des Stories d'Instagram aux Reels de TikTok.
- Mettre en place une stratégie de marketing par e-mail et construire une liste d'abonnés fidèles, tout en utilisant le pouvoir des influenceurs et des communautés pour élargir votre portée.

Chaque technique que nous allons explorer a été testée et approuvée par les meilleurs experts du domaine. Que vous débutiez tout juste dans le monde du blogging ou que vous cherchiez à booster un blog existant, ce guide pratique vous apportera les outils nécessaires pour atteindre vos objectifs.

Préparez-vous à apprendre, à expérimenter, et surtout à voir des résultats concrets dans l'évolution de votre trafic et de votre audience.

Maîtriser le SEO pour dominer les résultats de recherche

Le SEO (Search Engine Optimization), ou optimisation pour les moteurs de recherche, est le pilier fondamental pour générer du trafic organique durable et qualifié. Lorsque vous maîtrisez le SEO, vous vous assurez que votre blog se distingue dans la mer de contenus disponibles sur le web. Mais pour réellement dominer les résultats de recherche, vous devez aller au-delà des pratiques courantes et comprendre les subtilités des algorithmes des moteurs de recherche. Ce chapitre détaille les étapes essentielles pour structurer une stratégie SEO solide.

1. Effectuer une recherche de mots-clés approfondie

La base de toute stratégie SEO réussie repose sur une recherche de mots-clés exhaustive. Les mots-clés sont les termes ou expressions que les internautes tapent dans les moteurs de recherche pour trouver des informations. Une recherche efficace permet de cibler les bons termes et de créer un contenu qui répond directement aux besoins des utilisateurs.

a. Choisir les bons outils

Les outils de recherche de mots-clés sont essentiels pour identifier des termes pertinents et analyser leur potentiel. Parmi les outils les plus populaires, on trouve :

- **Google Keyword Planner** : fournit des estimations du volume de recherche et des tendances pour des mots-clés spécifiques.
- **Ubersuggest** : propose des idées de mots-clés et montre les performances SEO des concurrents.
- **Ahrefs** et **SEMrush** : analysent le trafic, la compétitivité des mots-clés et proposent des mots associés.

b. Analyser la compétitivité des mots-clés

Pour bien choisir vos mots-clés, il est important de trouver un équilibre entre **volume de recherche** et **difficulté**. Les mots-clés très compétitifs sont souvent dominés par des sites établis. Cherchez des termes à **longue traîne** (long-tail keywords), plus spécifiques, avec un volume de recherche moyen mais une concurrence moindre. Par exemple, au lieu de viser le mot-clé général "fitness", préférez "meilleurs exercices de fitness pour débutants".

c. Identifier l'intention de recherche

Chaque mot-clé est lié à une intention de recherche. Les intentions de recherche se divisent en quatre grandes catégories :

- **Informative** : l'utilisateur cherche une information (ex : "qu'est-ce que le SEO").
- **Navigationnelle** : l'utilisateur cherche à atteindre un site ou une page spécifique (ex : "connexion Gmail").
- **Transactionnelle** : l'utilisateur cherche à acheter quelque chose (ex : "acheter des chaussures de running").
- **Commerciale** : l'utilisateur compare des options (ex : "meilleure montre connectée 2024").

Assurez-vous que vos mots-clés correspondent à l'intention de recherche de votre audience cible. Cela augmentera vos chances de conversion et améliorera votre classement dans les résultats de recherche.

d. Explorer les mots-clés des concurrents

Étudiez les mots-clés pour lesquels vos concurrents se classent bien. Utilisez des outils comme **Ahrefs** pour analyser leur trafic et découvrir des opportunités de mots-clés sur lesquels vous pouvez vous positionner. Repérez les lacunes dans leurs contenus et comblez-les avec des articles plus complets et mieux optimisés.

2. Optimiser votre contenu pour les featured snippets

Les featured snippets sont des extraits en tête des résultats de recherche qui répondent directement à une question posée par l'utilisateur. Atteindre cette position vous permet d'obtenir une visibilité accrue, car ces snippets apparaissent avant même le premier résultat organique.

a. Identifier les opportunités de featured snippets

Toutes les requêtes ne sont pas éligibles pour un featured snippet. Les meilleurs types de contenu pour les snippets sont :

- **Questions** : "Comment", "Qu'est-ce que", "Pourquoi", etc.
- **Listes** : Les listes à puces ou numérotées, idéales pour des étapes, des recettes, ou des conseils.

- **Tableaux** : Comparaison de prix, d'options ou d'attributs.

Utilisez des outils comme **SEMrush** ou **Ahrefs** pour analyser les requêtes où des featured snippets sont déjà présents et déterminez si votre blog peut les cibler.

b. Créer du contenu concis et structuré

Les moteurs de recherche privilégient les contenus qui répondent directement aux questions des utilisateurs. Pour maximiser vos chances d'atteindre un featured snippet, structurez vos articles de façon claire et logique :

- **Répondez directement à la question** posée en moins de 50 mots dans le premier paragraphe.
- **Utilisez des sous-titres H2 et H3** pour structurer vos idées et permettre aux moteurs de recherche de mieux comprendre l'organisation de votre contenu.
- **Intégrez des listes à puces** ou des numéros pour les étapes, et des tableaux pour des comparaisons.

c. Optimiser les paragraphes d'introduction

L'une des meilleures stratégies pour apparaître dans un snippet consiste à **répondre rapidement à la question dans l'introduction** de votre contenu. Par exemple, si vous ciblez le mot-clé "qu'est-ce que le SEO", votre introduction devrait directement fournir une définition claire avant de développer davantage dans le corps du texte.

d. Ajouter des visuels optimisés

Parfois, les featured snippets incluent des images. Ajoutez des images pertinentes avec des descriptions optimisées pour le SEO, en utilisant des balises **alt** qui décrivent précisément le contenu visuel. Une image bien choisie et optimisée peut améliorer vos chances d'apparaître dans les résultats enrichis.

e. Réviser et mettre à jour régulièrement

Les moteurs de recherche privilégient les contenus récents et pertinents. Assurez-vous de **mettre à jour régulièrement vos articles** qui se positionnent déjà bien ou qui ont le potentiel d'atteindre les featured snippets. Intégrez de nouvelles informations, des statistiques récentes, ou réorganisez le contenu pour améliorer sa lisibilité.

Maîtriser le SEO ne se fait pas du jour au lendemain, mais en suivant une méthode rigoureuse, en effectuant une recherche de mots-clés minutieuse et en optimisant intelligemment votre contenu, vous pouvez dominer les résultats de recherche. En adoptant une approche ciblée et en visant les featured snippets, vous maximiserez non seulement votre visibilité, mais également la qualité de votre trafic, attirant ainsi une audience prête à s'engager avec votre contenu.

Exploiter le potentiel des réseaux sociaux

Les réseaux sociaux sont devenus des canaux incontournables pour accroître la visibilité de votre blog. Cependant, il ne suffit pas de partager des liens vers vos articles. Chaque plateforme a ses propres caractéristiques, et pour maximiser votre impact, il est essentiel d'adapter votre stratégie à chacune d'elles. Dans ce chapitre, vous apprendrez à tirer parti des spécificités des principales plateformes sociales, à créer du contenu adapté et à utiliser leurs fonctionnalités avancées pour engager votre audience et attirer du trafic vers votre blog.

1. Créer une stratégie de contenu spécifique à chaque plateforme

Toutes les plateformes sociales ne sont pas identiques. Un contenu efficace sur Instagram pourrait ne pas fonctionner sur LinkedIn ou Twitter. Pour exploiter pleinement le potentiel des réseaux sociaux, il est crucial de comprendre les forces de chaque plateforme et d'adapter votre stratégie en conséquence.

a. Instagram : la puissance du visuel

Instagram est centré sur le contenu visuel : photos, vidéos courtes et infographies. Pour attirer et retenir l'attention, misez sur des visuels de haute qualité et une esthétique cohérente qui reflètent l'image de votre blog.

- **Créez des visuels impactants** : utilisez des outils comme Canva ou Photoshop pour créer des images attrayantes qui accompagnent vos articles.
- **Rédigez des légendes captivantes** : accompagnez chaque publication d'une légende engageante qui encourage les utilisateurs à interagir (likes, commentaires, partages).
- **Utilisez des hashtags pertinents** : faites des recherches sur les hashtags tendance dans votre niche pour toucher une audience plus large.

b. Twitter : l'instantanéité et l'interaction rapide

Twitter est parfait pour partager des réflexions courtes, des actualités ou des extraits d'articles. La plateforme valorise l'interaction rapide et les discussions en temps réel.

- **Créez des tweets percutants** : limitez-vous à des phrases courtes et impactantes, accompagnées d'un lien vers votre blog.
- **Participez aux discussions** : répondez aux tweets pertinents dans votre domaine et n'hésitez pas à poser des questions pour encourager l'interaction.
- **Utilisez des threads** : développez vos idées ou racontez une histoire liée à vos articles à travers un thread (suite de tweets), en reliant chaque tweet au suivant pour maintenir l'intérêt.

c. LinkedIn : le réseau professionnel

LinkedIn est une plateforme professionnelle idéale pour partager des articles approfondis, des études de cas, et des réflexions sur les tendances de votre secteur.

- **Publiez des articles longs** : LinkedIn permet de rédiger des articles de blog directement sur la plateforme, ce qui peut aider à toucher une audience professionnelle sans quitter le réseau.
- **Adoptez un ton professionnel** : soyez plus formel et orientez votre contenu vers des problématiques spécifiques au monde du travail.
- **Interagissez avec les leaders d'opinion** : commentez les publications

des influenceurs et experts de votre domaine pour augmenter votre visibilité.

d. Facebook : la diversité du format

Facebook permet de publier divers types de contenus (articles, vidéos, événements, etc.) et reste un excellent outil pour construire une communauté autour de votre blog.

- **Créez des publications variées** : alternez entre des articles, des vidéos courtes, et des images pour maintenir l'attention de votre audience.
- **Utilisez les groupes Facebook** : rejoignez ou créez des groupes thématiques liés à votre niche, et partagez vos articles avec des personnes intéressées.
- **Organisez des événements en ligne** : lancez des webinaires ou des sessions de Q&A (questions-réponses) pour interagir directement avec vos lecteurs et renforcer l'engagement.

e. Pinterest : l'outil de découverte visuelle

Pinterest est une plateforme axée sur la découverte d'idées et l'inspiration. Il est particulièrement utile pour les blogs dans les domaines de la cuisine, de la mode, du design, et du lifestyle.

- **Créez des épingles attrayantes** : utilisez des images verticales de haute qualité et intégrez du texte pour donner un aperçu rapide de l'article.
- **Organisez vos tableaux** : regroupez vos épingles par thématique pour rendre vos contenus faciles à découvrir.
- **Utilisez des descriptions optimisées pour le SEO** : les descriptions de vos épingles doivent contenir des mots-clés pertinents pour améliorer leur visibilité dans les recherches.

2. Utiliser les fonctionnalités avancées (Stories, Reels, etc.)

Les réseaux sociaux ont beaucoup évolué, introduisant des fonctionnalités avancées comme les Stories, Reels, et Lives. Ces formats interactifs et éphémères offrent une opportunité unique d'engager votre audience d'une manière plus personnelle et immersive.

a. Les Stories (Instagram, Facebook)

Les Stories sont des contenus visuels éphémères qui disparaissent après 24 heures.

Elles permettent d'interagir avec votre audience de manière plus authentique et immédiate.

- **Partagez des coulisses** : montrez les coulisses de la création de vos articles ou de votre vie de blogueur, cela humanise votre marque.
- **Utilisez les sondages et questions** : les fonctionnalités interactives comme les sondages ou les questions permettent d'encourager l'engagement et d'en apprendre plus sur les attentes de votre audience.
- **Promouvez vos nouveaux articles** : utilisez des Stories pour teaser vos nouveaux contenus avec des liens directs vers vos articles grâce à la fonction "Swipe Up" (disponible à partir de 10 000 abonnés).

b. Reels (Instagram) et TikTok : la vidéo courte et dynamique

Les Reels et les vidéos TikTok permettent de capturer l'attention en moins de 60 secondes grâce à des contenus courts, rythmés, et souvent divertissants. Ces formats sont particulièrement populaires auprès des jeunes générations.

- **Créez des tutoriels courts** : décomposez des concepts ou des idées complexes en segments vidéo de 15 à

30 secondes. Par exemple, vous pouvez présenter les "5 étapes pour améliorer votre SEO" sous forme de Reels.
- **Utilisez les effets et musiques tendance** : tirez parti des fonctionnalités de montage, des filtres, et des musiques populaires pour rendre vos vidéos plus engageantes.
- **Encouragez l'engagement** : terminez vos vidéos avec un appel à l'action clair, invitant les spectateurs à visiter votre blog pour plus d'informations.

c. Les Lives (Instagram, Facebook, YouTube)

Le contenu en direct est une façon puissante de créer une connexion immédiate avec votre audience. Les Lives permettent une interaction en temps réel, que ce soit pour répondre à des questions ou partager des informations.

- **Organisez des sessions de questions-réponses** : proposez à votre audience de poser des questions en direct sur un sujet que vous maîtrisez, ce qui vous permet d'instaurer une relation plus personnelle.
- **Faites des annonces exclusives** : utilisez les Lives pour dévoiler du contenu inédit, lancer un nouveau projet ou présenter un produit lié à votre blog.

- **Collaborez avec d'autres influenceurs** : organisez des Lives avec d'autres blogueurs ou experts pour mutualiser vos audiences respectives.

Exploiter le potentiel des réseaux sociaux ne consiste pas à publier le même contenu sur toutes les plateformes, mais à adapter votre stratégie en fonction des spécificités de chaque réseau. En diversifiant vos formats – qu'il s'agisse de Stories, de Reels, de vidéos ou de Lives – et en personnalisant vos approches, vous pourrez toucher une audience plus large et améliorer l'engagement envers votre blog. L'utilisation de ces fonctionnalités avancées vous permet de renforcer votre présence en ligne et de générer plus de trafic vers votre contenu, tout en fidélisant une communauté active et impliquée.

Développer une stratégie de marketing de contenu efficace

Un marketing de contenu bien pensé est la clé pour attirer un public cible, le convertir en lecteurs fidèles, et maximiser la visibilité de votre blog sur le long terme. Pour y parvenir, il est essentiel de planifier une stratégie cohérente et actionnable, en vous concentrant sur la création de contenu de haute qualité, durable et régulièrement optimisé. Ce chapitre vous guidera à travers les étapes essentielles pour développer une stratégie de marketing de contenu, créer du contenu evergreen et des articles piliers, et maximiser votre retour sur investissement grâce à une stratégie de **content upgrade**.

1. Développer une stratégie de marketing de contenu efficace

Le marketing de contenu ne se limite pas à écrire des articles. Il s'agit de créer un écosystème de contenu pertinent qui répond aux besoins de votre audience, tout en supportant vos objectifs commerciaux. Voici les étapes concrètes pour établir une stratégie de contenu efficace.

a. Définir vos objectifs

Avant de commencer à produire du contenu, vous devez clairement identifier vos objectifs. Que cherchez-vous à accomplir avec votre blog ? Quelques exemples :

- **Attirer plus de trafic** : Le contenu doit être optimisé pour les moteurs de recherche et partageable sur les réseaux sociaux.
- **Générer des leads** : Le contenu doit inclure des appels à l'action et des formulaires pour capturer des informations sur vos visiteurs.
- **Éduquer votre audience** : Le contenu doit être informatif, utile, et pertinent pour répondre aux questions de vos lecteurs.

b. Connaître votre audience

Votre contenu doit être conçu spécifiquement pour votre public cible. Développez des **personas** pour mieux comprendre qui est votre audience : leur âge, leurs intérêts, leurs défis, et leurs comportements en ligne. Cela vous permettra de créer du contenu qui répond à leurs attentes tout en étant en adéquation avec vos objectifs.

c. Choisir les bons formats

Le format de votre contenu joue un rôle crucial dans son succès. Diversifiez vos formats pour attirer différents types de consommateurs :

- **Articles de blog** pour approfondir les sujets.
- **Infographies** pour résumer visuellement des informations complexes.
- **Vidéos** pour capter l'attention rapidement et toucher les amateurs de contenu visuel.
- **Podcasts** pour atteindre une audience qui préfère écouter plutôt que lire.

d. Planifier un calendrier éditorial

Un calendrier éditorial est essentiel pour maintenir la cohérence et la régularité de vos publications. Planifiez à l'avance les sujets, les formats, et les dates de publication pour avoir une vue d'ensemble de votre stratégie et éviter de manquer des occasions clés (saisons, événements spéciaux).

- **Variez les types de contenu** : mélangez contenus evergreen, articles d'actualité, guides pratiques et interviews.

- **Incluez des actions SEO** dans votre calendrier : identifiez les moments clés pour réévaluer et optimiser vos articles existants.

e. Analyser et ajuster

Votre stratégie de marketing de contenu doit être flexible et adaptable. Utilisez des outils d'analyse comme **Google Analytics** ou **SEMrush** pour suivre la performance de vos articles (trafic, temps passé sur la page, taux de rebond) et ajustez votre stratégie en conséquence.

- **Testez différents types de contenu** pour voir ce qui fonctionne le mieux.
- **Optimisez les articles performants** pour maintenir leur pertinence en ajoutant des informations nouvelles ou des liens internes.

2. Créer du contenu evergreen et des articles piliers

Le contenu evergreen est un contenu qui reste pertinent et utile au fil du temps, contrairement aux articles d'actualité ou aux tendances passagères. Créer du contenu evergreen vous permet d'attirer du trafic organique régulier et durable. Les **articles piliers**, quant à eux, sont des ressources complètes qui servent de référence dans votre niche.

a. Choisir des sujets durables

Identifiez des sujets qui restent pertinents dans votre domaine, indépendamment des changements ou des tendances. Par exemple :

- **Guide ultime** sur un sujet clé de votre niche.
- **Tutoriels étape par étape** qui résolvent des problèmes courants.
- **Listes de ressources** ou d'outils indispensables. Ces sujets doivent être basés sur des besoins ou des questions que votre audience pose fréquemment, comme des informations sur les bases d'un domaine, des solutions à des problèmes courants, ou des recommandations sur des pratiques durables.

b. Créer des articles piliers

Un article pilier est généralement plus long et détaillé qu'un article classique, couvrant un sujet en profondeur pour en faire une ressource complète. Les articles piliers agissent comme des aimants à trafic et des hubs de liens internes.

- **Structurez votre contenu** en sous-titres pour faciliter la lecture et le référencement.
- **Incluez des infographies ou des vidéos** pour rendre l'article plus attractif et engageant.
- **Optimisez l'article pour le SEO** en utilisant des mots-clés pertinents, en ajoutant des liens internes vers d'autres articles de votre blog, et en incluant des backlinks vers des ressources externes fiables.

c. Mettre à jour régulièrement vos articles evergreen

Bien que ces articles soient conçus pour être durables, cela ne signifie pas qu'ils ne nécessitent jamais de mises à jour. Ajoutez régulièrement des informations nouvelles, ajustez les statistiques, ou changez des éléments visuels pour maintenir la pertinence du contenu.

- **Ajoutez des liens internes vers de nouveaux articles** pour continuer à faire vivre vos articles piliers et les rendre plus utiles.
- **Surveillez les performances SEO** de vos articles evergreen et ajustez-les en fonction des nouvelles données.

3. Mettre en place une stratégie de content upgrade

Le **content upgrade** est une technique puissante pour augmenter les conversions et bâtir une liste d'abonnés qualifiés. Il s'agit d'offrir du contenu supplémentaire ou exclusif à vos lecteurs en échange de leur adresse e-mail.

a. Proposer des bonus contextuels

Le content upgrade fonctionne particulièrement bien lorsqu'il est lié à un article spécifique. Il peut s'agir d'une feuille de calcul téléchargeable, d'un e-book, d'un guide pratique, ou d'une liste de vérification qui complète l'article en question.

Exemple : Si vous écrivez un article sur "Comment planifier un calendrier éditorial", offrez une feuille de calcul personnalisable pour créer un calendrier éditorial sur mesure.

b. Créer des formulaires d'inscription ciblés

Utilisez des **formulaires d'inscription contextuels**, intégrés directement dans vos articles, pour proposer votre content upgrade. Ces formulaires doivent être placés à des moments stratégiques, par exemple :

- **À mi-chemin de l'article** lorsque le lecteur est engagé.
- **Dans un pop-up** qui s'active après un certain temps passé sur la page ou lorsque l'utilisateur s'apprête à quitter la page.

c. Automatiser le suivi par e-mail

Une fois que le visiteur s'est inscrit pour recevoir votre content upgrade, vous devez automatiser un **suivi par e-mail** pour entretenir la relation. Voici une séquence efficace :

- **E-mail 1 : Remerciement et livraison du contenu** demandé.
- **E-mail 2 : Présentation de ressources supplémentaires** et d'articles pertinents sur votre blog.
- **E-mail 3 : Invitation à s'abonner à votre newsletter** ou à un autre contenu premium.

d. Tester et optimiser

Comme toute stratégie, le content upgrade nécessite une optimisation continue. Testez différents types de contenus (guides, listes, vidéos), divers formats d'inscription (pop-ups, bannières, formulaires intégrés), et analysez les performances.

- **A/B testez vos appels à l'action** pour identifier ceux qui génèrent le plus d'inscriptions.
- **Suivez les taux de conversion** pour chaque upgrade, et ajustez en fonction des résultats : améliorez la qualité du contenu offert ou changez la façon dont vous le proposez si les résultats sont décevants.

En suivant ces étapes, vous pouvez mettre en place une stratégie de marketing de contenu durable et performante, tout en générant des leads qualifiés grâce à des content upgrades intelligents et bien ciblés.

Tirer parti du marketing par e-mail

Le marketing par e-mail reste l'une des stratégies les plus efficaces pour fidéliser votre audience, générer des conversions et construire une relation de confiance avec vos abonnés. Contrairement aux réseaux sociaux où l'algorithme contrôle la portée de votre contenu, les e-mails arrivent directement dans la boîte de réception de votre audience. Ce chapitre vous guidera sur la manière de construire une liste d'abonnés qualifiés et de créer des séquences d'e-mails engageantes pour maximiser l'impact de votre stratégie de marketing par e-mail.

1. Construire une liste d'abonnés qualifiés

Avoir une grande liste d'abonnés ne signifie rien si ces derniers ne sont pas réellement intéressés par votre contenu. La clé d'un marketing par e-mail réussi réside dans la qualité de votre liste d'abonnés, c'est-à-dire des personnes qui sont activement engagées avec vos messages. Voici comment créer et maintenir une liste d'abonnés qualifiés.

a. Proposer une offre de valeur claire et pertinente

Les internautes ne donnent pas leur adresse e-mail sans raison. Vous devez leur offrir une valeur immédiate en échange de leurs informations de contact. Cette valeur peut prendre plusieurs formes :

- **Lead magnets :** Offrez des contenus exclusifs, tels qu'un guide, une liste de contrôle ou un e-book, qui apportent des solutions concrètes aux problèmes de votre audience.
- **Webinaires gratuits :** Organisez des sessions en direct sur des sujets qui intéressent votre audience, en exigeant une inscription par e-mail.
- **Accès à du contenu premium :** Proposez des articles, vidéos ou podcasts réservés aux abonnés.

b. Utiliser des formulaires d'inscription optimisés

L'endroit et la manière dont vous placez vos formulaires d'inscription ont un impact direct sur leur efficacité.

- **Pop-ups intelligents :** Utilisez des pop-ups qui apparaissent au bon moment, par exemple après que le lecteur ait

passé un certain temps sur la page ou lorsqu'il fait défiler l'article.
- **Formulaires intégrés :** Intégrez des formulaires d'inscription dans vos articles, particulièrement là où le contenu est engageant ou à la fin de l'article.
- **Pages de destination dédiées :** Créez des landing pages spécifiques à vos lead magnets pour maximiser les conversions.

c. Segmenter dès le début

Lorsque vous collectez des adresses e-mail, il est essentiel de segmenter votre audience en fonction de leurs centres d'intérêt ou de leurs comportements. Cela vous permettra d'envoyer des e-mails personnalisés et plus pertinents, ce qui augmentera les taux d'engagement.

Exemple : Si vous offrez différents lead magnets pour des sujets distincts, utilisez ces informations pour segmenter vos listes en fonction de l'intérêt montré par l'abonné.

d. Respecter les réglementations

Assurez-vous que votre méthode de collecte d'e-mails est conforme aux réglementations GDPR (ou autres lois locales) en matière de protection des données. Demandez un consentement explicite lors de l'inscription et donnez aux abonnés la possibilité de se désabonner facilement.

2. Créer des séquences d'e-mails engageantes

Une fois que vous avez construit une liste d'abonnés qualifiés, l'étape suivante est de maintenir l'intérêt et l'engagement de vos abonnés à travers des séquences d'e-mails bien conçues. Une bonne séquence d'e-mails est essentielle pour instaurer une relation de confiance, éduquer votre audience et les guider vers une action spécifique, qu'il s'agisse d'un achat, d'une inscription ou de tout autre objectif.

a. Établir une première impression forte avec un e-mail de bienvenue

Le premier e-mail que vous envoyez est crucial. C'est souvent l'e-mail avec le taux d'ouverture le plus élevé. Voici comment le structurer :

- Remerciez vos abonnés pour leur inscription et rappelez-leur la valeur qu'ils recevront.
- Présentez-vous et racontez brièvement votre histoire ou celle de votre blog.
- Incluez un appel à l'action qui incite à explorer davantage votre contenu (lien vers des articles clés ou une offre exclusive).

b. Construire une séquence d'e-mails de bienvenue

Après le premier e-mail, il est important de garder l'élan en envoyant une série de 3 à 5 e-mails qui éduquent votre audience et leur offrent des ressources utiles. Voici une structure efficace :

- **E-mail 2 :** Partagez des ressources utiles – Proposez un contenu de qualité comme un article evergreen ou un guide pratique.
- **E-mail 3 :** Racontez une histoire – Utilisez une anecdote ou un témoignage pour engager émotionnellement vos lecteurs.
- **E-mail 4 :** Résolvez un problème courant – Proposez une solution concrète à un problème que rencontre souvent votre audience.
- **E-mail 5 :** Proposez une offre ou une invitation à aller plus loin – Introduisez un produit, service, ou un autre contenu premium qui pourrait les intéresser.

c. Segmenter pour personnaliser vos e-mails

L'engagement est bien plus fort lorsque les e-mails sont personnalisés. Utilisez les informations collectées sur vos abonnés pour leur envoyer des messages adaptés à leurs besoins spécifiques.

- **Segmentation par comportement :** Si un abonné a téléchargé un guide spécifique, envoyez-lui des e-mails relatifs à ce sujet.
- **Segmentation par étape du parcours d'achat :** Adaptez vos e-mails selon que l'abonné est au début de son parcours (éducation sur un sujet) ou prêt à acheter (offres, démos, témoignages).

d. Utiliser des techniques d'engagement avancées

Au-delà de la segmentation, d'autres techniques vous aideront à maintenir l'attention de votre audience :

- **Automatisation des e-mails :** Créez des flux automatisés qui envoient des e-mails en fonction des actions spécifiques de l'abonné (inscription, téléchargement, clics).
- **Appels à l'action dynamiques :** Proposez des appels à l'action (CTA) différents en fonction du comportement de l'utilisateur. Par exemple, si quelqu'un a cliqué sur un lien mais n'a pas encore pris d'action, relancez-le avec une incitation supplémentaire.

- **Contenu interactif :** Intégrez des sondages, quiz ou autres éléments interactifs directement dans vos e-mails pour encourager l'engagement.

e. Analyser et ajuster vos séquences d'e-mails

Votre séquence d'e-mails doit être un processus évolutif basé sur les performances. Voici les éléments à surveiller :

- **Taux d'ouverture :** Sont-ils élevés dès le premier e-mail mais diminuent-ils rapidement ? Ajustez vos objets d'e-mails pour accroître l'intérêt.
- **Taux de clics :** Quel contenu suscite le plus d'intérêt ? Augmentez le nombre de liens vers ce type de contenu dans vos e-mails.
- **Taux de conversion :** Combien d'abonnés passent à l'action après avoir reçu vos e-mails ? Testez différentes formules de CTA ou offres pour voir ce qui fonctionne le mieux.

3. Mettre en place des séquences d'e-mails spécifiques (nurturing et conversion)

Enfin, vous pouvez aller plus loin en créant des séquences d'e-mails spécifiques à certaines actions ou objectifs :

- **Séquence de nurturing** : Pour les abonnés qui ne sont pas encore prêts à acheter, cette séquence éduque progressivement et crée de la valeur. Elle peut inclure des témoignages, des études de cas, et des réponses à des objections courantes.
- **Séquence de conversion** : Ciblez les abonnés qui ont montré un intérêt pour vos produits ou services avec des offres spéciales, des essais gratuits ou des réductions limitées dans le temps.

En suivant ces étapes, vous exploiterez tout le potentiel du marketing par e-mail pour créer des liens solides avec votre audience et maximiser les opportunités de conversion.

Utiliser le marketing d'influence pour élargir votre portée

Le marketing d'influence est devenu un levier puissant pour **amplifier la visibilité** de votre marque ou de votre blog. En s'associant à des influenceurs qui partagent déjà une relation de confiance avec leur audience, vous pouvez toucher de nouveaux segments, augmenter votre crédibilité, et générer des conversions. Cependant, pour maximiser l'impact de votre stratégie de marketing d'influence, il est essentiel de **choisir les bons influenceurs**, de **créer des campagnes pertinentes** et d'assurer une **collaboration bénéfique pour les deux parties**.

1. Identifier les influenceurs pertinents

L'une des clés du succès du marketing d'influence est de collaborer avec des personnes qui partagent les mêmes valeurs que votre marque et dont l'audience correspond à vos objectifs de visibilité. Voici un processus en étapes pour identifier les influenceurs les plus pertinents.

a. Définir vos objectifs et votre audience cible

Avant de rechercher des influenceurs, commencez par **clarifier vos objectifs**. Cherchez-vous à accroître la notoriété de votre marque, à générer des ventes, à augmenter le trafic de votre blog, ou à toucher une niche spécifique ? Ensuite, définissez clairement **qui est votre audience cible** en termes de démographie, centres d'intérêt et comportements.

b. Rechercher des influenceurs dans votre niche

Pour qu'une campagne d'influence soit efficace, il est essentiel de collaborer avec des influenceurs qui partagent les mêmes centres d'intérêt que votre audience.

- **Utiliser des plateformes spécialisées** : Outils comme BuzzSumo, HypeAuditor, ou Traackr vous permettent de rechercher des influenceurs par thématique, localisation et engagement.
- **Analyser les réseaux sociaux** : Effectuez des recherches de hashtags populaires dans votre domaine sur des plateformes comme Instagram, Twitter,

et YouTube pour identifier des créateurs de contenu actifs et pertinents.
- **Regarder les collaborations de vos concurrents** : Analysez les campagnes d'influence de vos concurrents pour repérer des influenceurs qui collaborent avec des marques similaires.

c. Évaluer la pertinence et l'engagement

Le nombre de followers d'un influenceur n'est pas le seul indicateur de succès. Un micro-influenceur (5 000 à 50 000 abonnés) peut avoir un impact plus fort s'il génère un taux d'engagement élevé avec une audience très ciblée.

- **Taux d'engagement** : Regardez les likes, commentaires, partages, et interactions dans les publications de l'influenceur. Un taux d'engagement élevé (généralement entre 3 et 5 % pour les micro-influenceurs) est un bon indicateur de la qualité de la relation entre l'influenceur et son audience.
- **Alignement des valeurs** : Analysez les contenus publiés par l'influenceur pour vous assurer que son ton, ses valeurs, et son message correspondent à ceux de votre marque.
- **Audience pertinente** : Assurez-vous que l'audience de l'influenceur

correspond à votre cible en termes de démographie et d'intérêts.

d. Éviter les faux influenceurs

Faites attention aux influenceurs qui ont gonflé artificiellement leurs statistiques en achetant des abonnés ou en utilisant des pratiques douteuses. Les **outils d'audit d'influenceurs**, comme HypeAuditor ou Social Blade, vous permettent de vérifier l'authenticité des comptes.

2. Approcher les influenceurs de manière professionnelle

Une fois les influenceurs identifiés, la manière dont vous les approchez aura un impact significatif sur la réussite de votre collaboration. Un message bien conçu, authentique et respectueux est essentiel pour capter leur intérêt.

a. Personnaliser votre approche

Les influenceurs reçoivent souvent de nombreuses sollicitations. Pour vous démarquer, évitez les messages génériques et prenez le temps de personnaliser votre approche.

- **Mentionnez leurs contenus spécifiques** : Référez-vous à une ou deux publications récentes que vous avez particulièrement appréciées et expliquez pourquoi vous pensez que votre marque pourrait être alignée avec leur audience.
- **Expliquez clairement vos objectifs** : Soyez transparent sur ce que vous attendez de la collaboration. Voulez-vous accroître la notoriété, générer des conversions, ou créer du contenu co-brandé ?
- **Proposez un échange de valeur** : Ne demandez pas simplement une collaboration gratuite. Présentez une offre qui profite à l'influenceur, qu'il s'agisse d'une rémunération, de produits gratuits, ou d'un partage de visibilité.

b. Rémunérer de manière juste et transparente

La rémunération des influenceurs varie en fonction de leur taille et de leur portée. Si vous travaillez avec des micro-influenceurs, des échanges de produits peuvent parfois suffire, mais avec des influenceurs plus établis, une rémunération financière est souvent nécessaire.

- **Fixer un budget réaliste** : Basez vos décisions sur la taille de l'audience, le

taux d'engagement, et la complexité du contenu demandé.
- **Discuter des attentes** : Soyez clair sur les livrables attendus (nombre de posts, stories, vidéos, etc.), les dates de publication et les clauses de confidentialité.

c. Établir une relation à long terme

Plutôt que de vous concentrer uniquement sur des collaborations ponctuelles, développez des relations à long terme avec vos influenceurs.

- **Collaborations répétées** : Les collaborations régulières permettent de renforcer la confiance entre l'influenceur et votre marque, et créent une continuité dans le message.
- **Co-création de contenu** : Impliquez l'influenceur dans la création de produits ou dans le développement d'idées de contenu. Cela permet d'augmenter l'authenticité de la campagne.

3. Créer des campagnes de collaboration mutuellement bénéfiques

Une fois que vous avez identifié et approché les influenceurs, il est temps de concevoir des campagnes qui maximiseront l'impact pour votre marque tout en offrant des avantages tangibles à l'influenceur.

a. Définir des objectifs clairs

Avant de lancer une campagne, vous devez définir des objectifs précis et mesurables.

- **Objectifs de notoriété** : Si votre objectif est de faire connaître votre marque, vous pouvez mesurer la portée et les impressions de la campagne.
- **Objectifs de conversion** : Si vous cherchez à générer des ventes ou des inscriptions, utilisez des liens traçables (UTM) ou des codes de réduction pour évaluer les résultats.

b. Proposer du contenu créatif et authentique

Laissez à l'influenceur la liberté de créer du contenu qui parle à son audience tout en mettant en avant votre marque de manière organique.

- **User-generated content (UGC)** : Encouragez les influenceurs à intégrer votre produit dans leur quotidien de manière authentique plutôt qu'une approche promotionnelle forcée.
- **Co-création de produits** : Participez à la conception d'une ligne de produits co-

brandée avec l'influenceur, offrant à son audience une exclusivité qu'ils ne trouveront pas ailleurs.

c. Utiliser les différents formats de contenu

Profitez de la polyvalence des plateformes sociales pour multiplier les points de contact avec l'audience.

- **Stories Instagram ou Facebook** : Proposez à l'influenceur de partager votre produit à travers des Stories éphémères et engageantes, incluant des sondages ou des appels à l'action.
- **Vidéos YouTube ou Reels** : Les formats vidéo sont très puissants pour montrer le fonctionnement ou les avantages de votre produit.
- **Contenu sponsorisé sur un blog** : Demandez à l'influenceur d'écrire un article sur son blog détaillant les avantages de votre produit ou service.

d. Suivre et mesurer les résultats

Une campagne de marketing d'influence ne s'arrête pas à la publication du contenu. Pour évaluer le succès et ajuster vos stratégies futures, il est essentiel de **mesurer les résultats**.

- **Utiliser des outils analytiques** : Mesurez les impressions, taux d'engagement, et conversions générées par la campagne. Des outils comme Google Analytics ou Bitly pour les liens traçables vous permettent de suivre la performance.
- **Analyser les retours** : Évaluez non seulement les chiffres, mais aussi la qualité des interactions. Les commentaires des abonnés sur le contenu sponsorisé peuvent révéler la perception de votre marque.

e. Créer un partenariat win-win

Pour que la collaboration soit véritablement bénéfique, assurez-vous que l'influenceur retire également une valeur tangible.

- **Rémunération équitable** : Offrez une compensation juste basée sur l'engagement de l'influenceur, mais aussi sur le succès de la campagne.
- **Partage de visibilité** : Faites la promotion de l'influenceur auprès de votre propre audience pour élargir sa portée.

En appliquant ces stratégies, vous pourrez maximiser l'impact de votre marketing d'influence, développer des collaborations durables et efficaces, et toucher de nouveaux publics en toute authenticité.

Optimiser votre présence sur les plateformes de partage de contenu

Maximiser votre visibilité en ligne nécessite d'exploiter pleinement les plateformes de partage de contenu telles que **Medium**, **LinkedIn**, et les plateformes vidéo comme **YouTube** et **TikTok**. Ces canaux vous permettent de diversifier votre audience, de renforcer votre autorité dans votre domaine, et d'augmenter le trafic vers votre blog. Cependant, pour tirer parti de ces plateformes, il est crucial de comprendre les spécificités de chacune et d'adapter votre contenu en conséquence.

1. Republier stratégiquement sur Medium, LinkedIn, etc.

Le **syndication de contenu** ou la republication sur des plateformes tierces est une stratégie intelligente pour donner une seconde vie à vos articles de blog tout en touchant un public plus large. Toutefois, il est essentiel de le faire de manière stratégique pour éviter les risques de duplication de contenu et pour maximiser votre portée.

a. Avantages de la republication

La republication sur des plateformes comme **Medium** et **LinkedIn** permet de :

- **Accroître votre portée** : Ces plateformes possèdent une large base d'utilisateurs actifs. Republier votre contenu vous permet d'atteindre un public que vous ne toucheriez pas via votre blog seul.
- **Renforcer votre crédibilité** : Medium et LinkedIn sont souvent perçus comme des espaces pour les experts. Y partager votre contenu peut renforcer votre position d'autorité dans votre domaine.
- **Générer du trafic** : En ajoutant des liens vers votre blog ou votre site dans les articles republiés, vous pouvez rediriger une partie de l'audience vers votre propre plateforme.

b. Comment republier sans pénalité SEO

Pour éviter les pénalités de duplication de contenu par Google, il est important de suivre certaines pratiques.

- **Utiliser la balise canonique** : Lorsque vous republiez un article sur Medium, activez la fonction "importer un article", qui ajoute automatiquement une balise canonique pointant vers l'original, indiquant aux moteurs de recherche que l'article de votre blog est la version principale.
- **Modifier légèrement le contenu** : Sur LinkedIn ou d'autres plateformes, vous pouvez republier un extrait ou une version légèrement modifiée de votre article pour éviter tout risque de contenu dupliqué. Ajoutez de nouvelles informations, changez le titre, ou proposez une version abrégée.
- **Utiliser des résumés ou des teasers** : Plutôt que de republier l'intégralité de votre contenu, créez des résumés ou des teasers qui attirent les lecteurs vers votre blog pour lire l'article complet.

c. Adapter le format à la plateforme

Chaque plateforme a ses spécificités, et il est crucial d'adapter votre contenu en conséquence.

- **LinkedIn** : Concentrez-vous sur un ton plus professionnel et engageant, tout en exploitant les articles longs et les publications courtes. Les articles de blog peuvent être republiés sous forme d'articles LinkedIn, tandis que des mises à jour régulières peuvent être utilisées pour promouvoir votre contenu de manière plus concise.
- **Medium** : Optez pour un ton plus conversationnel et personnel. Les lecteurs de Medium apprécient souvent les récits personnels et les articles d'opinion. Utilisez également les tags pertinents pour toucher une audience plus large.

2. Créer du contenu spécifique pour les plateformes vidéo (YouTube, TikTok)

Les **contenus vidéo** dominent de plus en plus l'attention en ligne. En créant du contenu spécifique pour des plateformes comme **YouTube** et **TikTok**, vous pouvez diversifier vos canaux de communication et atteindre des audiences massives, tout en améliorant l'engagement et la mémorabilité de vos messages.

a. YouTube : un levier pour le contenu long format

YouTube est idéal pour les vidéos plus longues et détaillées, telles que des tutoriels, des interviews, des études de cas, ou des analyses approfondies.

- **Optimiser vos vidéos pour la recherche** : YouTube est le deuxième plus grand moteur de recherche au monde, après Google. Pour maximiser la visibilité de vos vidéos, **optimisez les titres**, **descriptions** et **tags** avec des mots-clés pertinents. Incluez également des **miniatures accrocheuses** et des **appels à l'action** directs dans la description (liens vers votre blog, abonnements, etc.).
- **Créer des séries de vidéos** : Une série vidéo permet de garder les spectateurs engagés sur une période prolongée. Par exemple, si vous êtes un blogueur sur le marketing digital, vous pouvez créer une série expliquant en plusieurs vidéos les différentes étapes d'une stratégie marketing réussie.
- **Réutiliser le contenu de votre blog** : Transformez vos articles en vidéos. Si vous avez déjà des articles complets, créez des vidéos expliquant ces mêmes concepts avec des graphiques, des exemples, et des études de cas visuels. Par exemple, un article sur les « 10 astuces SEO » peut être transformé en

vidéo avec des captures d'écran et des tutoriels pratiques.

b. TikTok : le roi du contenu court et viral

TikTok, avec ses vidéos courtes et virales, est une plateforme puissante pour accroître la notoriété rapidement, notamment auprès d'un public plus jeune.

- **Créer des vidéos percutantes** : Les vidéos sur TikTok doivent captiver l'attention dans les **trois premières secondes**. Soyez créatif en utilisant des formats courts tels que des astuces, des tutoriels rapides, ou des vidéos "avant/après". Utilisez des **sous-titres** et des **effets visuels** accrocheurs pour maximiser l'engagement.
- **Participer aux tendances** : TikTok est fortement influencé par les tendances et les défis. En vous joignant à des tendances pertinentes pour votre secteur, vous pouvez rapidement gagner en visibilité. Assurez-vous d'ajouter des **hashtags populaires** et de rester à jour avec les dernières nouveautés de la plateforme.
- **Publier régulièrement** : La fréquence de publication est essentielle sur TikTok. Publier régulièrement, de préférence plusieurs fois par semaine, augmentera

vos chances d'apparaître dans le fil d'actualité des utilisateurs.

c. Adapter votre contenu au format vidéo

- **Adapter des articles de blog en vidéos** : Prenez un article de blog populaire et résumez-en les principaux points dans une vidéo de 2 à 3 minutes sur YouTube, ou en une série de courtes vidéos sur TikTok. Par exemple, un article sur les « Meilleures stratégies de marketing de contenu » pourrait être transformé en une série de vidéos, chacune traitant d'une stratégie spécifique.
- **Raconter une histoire visuelle** : Les vidéos doivent être engageantes et raconter une histoire. Que ce soit en montrant un processus de travail, en partageant des témoignages clients, ou en présentant des études de cas, assurez-vous que votre contenu capte l'attention de manière visuelle et émotionnelle.

3. Conseils supplémentaires pour une stratégie vidéo réussie

a. Créer des vidéos interactives

Encouragez l'engagement en posant des questions, en incitant les utilisateurs à commenter, à liker et à partager vos vidéos. Sur YouTube, vous pouvez aussi ajouter des **cartes interactives** ou des **liens** vers d'autres vidéos.

b. Mesurer les performances et ajuster

Utilisez les outils d'analyse natifs des plateformes (YouTube Analytics, TikTok Insights) pour **suivre les performances** de vos vidéos : vues, taux de rétention, clics vers votre site web, etc. Identifiez quels types de vidéos génèrent le plus d'engagement et ajustez votre contenu en conséquence.

c. Réutiliser et rediffuser votre contenu vidéo

Ne vous contentez pas de créer du contenu vidéo une seule fois. Réutilisez-le sur différentes plateformes : publiez un extrait de votre vidéo YouTube sur TikTok ou Instagram Reels, ou intégrez vos vidéos YouTube dans vos articles de blog pour enrichir le contenu écrit.

En exploitant de manière stratégique les plateformes de partage de contenu et en créant du contenu vidéo spécifique, vous renforcerez la notoriété de votre blog, attirerez de nouveaux lecteurs, et augmenterez significativement votre portée en ligne.

Exploiter le potentiel du marketing de communauté

Le **marketing de communauté** repose sur l'idée de créer une relation durable avec un groupe de personnes partageant un intérêt commun autour de votre blog. Contrairement au marketing traditionnel, il s'agit de **nourrir des échanges authentiques et de construire des liens de confiance** entre vous et votre audience. Exploiter le potentiel de ces communautés peut considérablement augmenter votre visibilité, renforcer l'engagement de votre audience et développer un groupe de fidèles qui promeut naturellement votre contenu.

1. Participer activement aux forums et groupes de discussion

Les forums et groupes de discussion, qu'ils soient sur des plateformes comme **Reddit**, **Quora**, **Facebook**, ou **LinkedIn**, sont d'excellents lieux pour établir votre expertise, interagir avec une audience ciblée et générer du trafic qualifié vers votre blog.

a. Identifier les communautés pertinentes

La première étape est de trouver des forums et groupes qui sont actifs et pertinents pour votre niche.

- **Utiliser des mots-clés pertinents** pour rechercher des communautés spécialisées dans votre domaine. Par exemple, si votre blog traite de la finance personnelle, rejoignez des groupes ou forums sur la gestion de budget, l'investissement, ou la planification financière.
- **Examiner l'activité et la qualité des échanges**. Recherchez des communautés où les membres sont actifs, posent des questions et partagent des idées constructives. Une communauté dynamique vous permet de participer aux discussions et de générer de la valeur.

b. Partager de la valeur avant tout

Pour être accepté et reconnu dans une communauté, il est important de **donner avant de recevoir**.

- **Répondez aux questions des membres** de manière informative et sincère, sans immédiatement promouvoir votre blog. Offrez des conseils pratiques, partagez des expériences, et établissez-vous comme une ressource crédible et fiable.
- **Créer des discussions autour de sujets populaires**. Vous pouvez initier des conversations en posant des questions ouvertes ou en partageant des réflexions. Encouragez les échanges en proposant des points de vue stimulants qui amènent les autres à s'impliquer.

c. Promouvoir subtilement votre contenu

Une fois que vous êtes reconnu comme un membre actif, vous pouvez commencer à promouvoir subtilement votre contenu.

- **Référencez vos articles de blog** lorsque cela est pertinent. Si un membre pose une question à laquelle vous avez répondu dans un article, vous pouvez gentiment indiquer que vous avez traité ce sujet sur votre blog, en fournissant un lien.
- **Partagez des ressources utiles**. Par exemple, si vous avez créé un guide gratuit ou une checklist qui pourrait aider

les membres du groupe, proposez-le gratuitement en échange de leur adresse e-mail pour les inscrire à votre liste d'abonnés.

d. Éviter le spam et l'auto-promotion excessive

Soyez conscient des règles de chaque forum ou groupe. Certains n'autorisent pas la promotion personnelle ou les liens directs. Il est crucial de **respecter ces règles** pour ne pas être perçu comme un spammeur et risquer d'être banni.

Favorisez l'engagement sur le long terme en interagissant régulièrement avec la communauté, même lorsque vous ne partagez pas directement vos propres contenus.

2. Organiser des événements en ligne pour engager votre audience

Les **événements en ligne** sont un excellent moyen d'engager votre audience, de promouvoir vos produits ou services, et de renforcer la fidélité des membres de votre communauté. Les webinaires, sessions de questions-réponses en direct, ateliers, et challenges sont autant de formats qui peuvent être utilisés pour créer de l'engagement en temps réel.

a. Choisir le bon type d'événement pour votre audience

Le type d'événement que vous organisez doit correspondre aux besoins et aux attentes de votre audience.

- **Webinaires** : Si vous voulez partager des connaissances approfondies sur un sujet spécifique, organisez un webinaire. Les webinaires sont parfaits pour aborder des sujets complexes et détaillés, où vous pouvez présenter du contenu visuel et répondre aux questions en direct.
- **Sessions de questions-réponses (Q&A)** : Une session Q&A en direct via Facebook Live, YouTube Live, ou Instagram peut être un excellent moyen de créer un lien direct avec votre audience. Cela permet aux participants de poser leurs questions en temps réel, renforçant ainsi leur sentiment d'inclusion.
- **Ateliers pratiques** : Organiser des ateliers où vous guidez votre audience à travers un processus, un tutoriel ou une technique est idéal pour l'engagement. Par exemple, si vous avez un blog sur la photographie, vous pouvez organiser un atelier sur l'utilisation de la lumière naturelle.

- **Challenges et concours** : Les défis (challenges) en ligne, où vous invitez votre audience à accomplir une tâche sur plusieurs jours ou semaines, sont également très engageants. Par exemple, un défi de 30 jours pour améliorer ses compétences SEO peut attirer des participants motivés qui suivront vos conseils.

b. Planifier et promouvoir l'événement

La clé de la réussite d'un événement en ligne est la **planification et la promotion**. Voici comment vous assurer que votre événement sera un succès :

- **Définir un objectif clair** pour l'événement. Que souhaitez-vous accomplir ? Est-ce une session pour partager de la valeur gratuitement, pour promouvoir un nouveau produit ou pour recruter des abonnés ?
- **Choisir la bonne plateforme**. Sélectionnez une plateforme facile d'utilisation pour vos participants. Pour un webinaire, des outils comme **Zoom**, **Webex**, ou **Google Meet** sont populaires. Pour les sessions de Q&A ou les lives, **Instagram Live, Facebook Live**, et **YouTube** sont des choix courants.

- **Créer une landing page dédiée** pour l'événement. Cela permettra de collecter des inscriptions et de centraliser toutes les informations liées à l'événement. Incluez un formulaire simple pour que les participants s'inscrivent.
- **Promouvoir l'événement sur tous vos canaux**. Utilisez vos réseaux sociaux, newsletter, et votre blog pour annoncer l'événement. Créez des rappels réguliers pour susciter l'intérêt. Vous pouvez également utiliser des publicités payantes pour attirer plus de participants qualifiés.

c. Engager et suivre l'audience pendant l'événement

Une fois que l'événement est lancé, l'interaction en temps réel est cruciale pour maintenir l'intérêt.

- **Encourager la participation active**. Posez des questions aux participants, invitez-les à partager leurs expériences ou à interagir via des sondages, chats ou commentaires. Plus les participants se sentent impliqués, plus ils seront enclins à revenir lors de futurs événements.
- **Répondre en direct aux questions**. Assurez-vous de répondre aux questions du public pendant ou après

votre présentation. Cela montre que vous valorisez leur participation et renforce l'interaction avec votre communauté.
- **Proposer des incitations**. Pour récompenser l'engagement, offrez des ressources gratuites ou des réductions exclusives à ceux qui ont assisté à l'événement. Cela peut inclure des e-books, des cours en ligne, ou des consultations gratuites.

d. Suivi post-événement

Le suivi après l'événement est tout aussi important pour maintenir l'intérêt et transformer vos participants en abonnés fidèles.

- **Envoyer un e-mail de remerciement** avec un résumé de l'événement, des ressources supplémentaires, et un lien vers l'enregistrement de l'événement pour ceux qui n'ont pas pu y assister en direct.
- **Proposer un contenu complémentaire** pour prolonger l'expérience. Par exemple, après un webinaire, envoyez un guide ou un article approfondi qui résume ou étend ce qui a été discuté.
- **Recueillir des retours d'expérience**. Demandez aux participants leur avis via un sondage pour améliorer vos futurs

événements et comprendre ce qu'ils ont trouvé le plus utile.

Exploiter le marketing de communauté vous permet non seulement de créer des liens authentiques avec votre audience, mais aussi de renforcer votre présence en ligne de manière durable. Que ce soit à travers une participation active dans les forums et groupes de discussion ou l'organisation d'événements en ligne engageants, ces stratégies vous aideront à fidéliser votre communauté et à attirer de nouveaux visiteurs qualifiés vers votre blog.

Conclusion : Atteindre des Sommets avec une Stratégie de Trafic Éprouvée

Le monde du blogging est en constante évolution, mais une chose reste certaine : générer du trafic qualifié est la clé pour assurer le succès et la pérennité de votre blog. Ce livre vous a fourni une série d'outils, de techniques, et de stratégies concrètes pour non seulement attirer des visiteurs, mais surtout pour les convertir en une communauté fidèle.

Du SEO à l'optimisation de contenu pour les featured snippets, en passant par l'utilisation des réseaux sociaux, du marketing de contenu, et du marketing par e-mail, chaque chapitre vous a donné des actions spécifiques et mesurables à mettre en place pour maximiser votre visibilité. L'importance de diversifier vos sources de trafic, de créer du contenu evergreen, et d'exploiter le potentiel des influenceurs et des communautés ne peut être sous-estimée.

En appliquant ces techniques avec rigueur et persévérance, vous serez en mesure de dominer les résultats de recherche, de bâtir une communauté engagée, et de transformer votre blog en une véritable machine à trafic. Rappelez-vous que chaque élément de votre stratégie doit être aligné avec vos objectifs à long terme, et que le succès vient avec la cohérence, la créativité, et l'adaptation continue aux évolutions du web.

Que vous soyez au début de votre aventure ou un blogueur plus expérimenté cherchant à aller plus loin, le voyage ne fait que commencer. Continuez à tester, à affiner et à adapter vos actions pour atteindre vos objectifs de trafic. Le succès de votre blog est à portée de main, et avec les bonnes stratégies, vous pouvez non seulement le maintenir, mais aussi le faire grandir bien au-delà de vos espérances.

Créer du Contenu qui Convertit

Attirer, Fidéliser et Monétiser Votre Audience

Introduction

Dans l'ère numérique actuelle, le contenu est roi. Mais pas n'importe quel contenu. Le véritable pouvoir réside dans la création d'un contenu qui non seulement attire l'attention, mais qui convertit également cette attention en résultats tangibles pour votre entreprise. Que vous soyez un entrepreneur en herbe, un marketeur chevronné ou un créateur de contenu passionné, ce livre vous guidera à travers les étapes essentielles pour transformer votre contenu en un puissant outil de croissance et de monétisation.

L'importance du contenu qui convertit

Chaque jour, des millions de contenus sont publiés en ligne. Dans cet océan d'informations, comment vous démarquer ? Comment vous assurer que votre message atteigne non seulement votre public cible, mais le pousse également à agir ? La réponse réside dans la création d'un contenu stratégique, ciblé et optimisé pour la conversion.

Le contenu qui convertit va au-delà du simple partage d'informations. Il établit une connexion émotionnelle avec votre audience, répond à ses besoins spécifiques et la guide habilement à travers chaque étape du parcours client, de la découverte à l'achat et au-delà.

Ce que vous apprendrez

Dans ce livre, nous explorerons en profondeur les stratégies et techniques qui vous permettront de créer du contenu qui non seulement attire, mais fidélise et monétise votre audience. Voici un aperçu de ce que vous découvrirez :

1. **Comprendre votre audience** : Nous commencerons par plonger dans l'art de créer des personas détaillés et de cartographier le parcours client. Cette compréhension approfondie de votre public cible sera la pierre angulaire de toute votre stratégie de contenu.
2. **L'art du storytelling** : Vous apprendrez à intégrer des histoires personnelles et des techniques narratives captivantes dans votre contenu pour créer un lien émotionnel fort avec vos lecteurs.
3. **Contenu adapté au funnel** : Nous explorerons comment créer du contenu spécifique pour chaque étape du funnel de conversion, de la sensibilisation à la décision d'achat.
4. **Optimisation des appels à l'action** : Vous découvrirez les secrets pour concevoir des CTA irrésistibles qui incitent vos lecteurs à passer à l'action.

5. **Psychologie du contenu** : Nous plongerons dans les principes psychologiques qui influencent les décisions d'achat et comment les intégrer subtilement dans votre contenu.
6. **Création de lead magnets** : Vous apprendrez à concevoir des ressources gratuites de haute valeur qui attirent et convertissent de nouveaux prospects.
7. **Stratégies de nurturing** : Enfin, nous aborderons les techniques avancées de segmentation et de personnalisation pour transformer vos prospects en clients fidèles.

Une approche pratique et actionnable

Ce livre ne se contente pas de théorie. Chaque chapitre est conçu pour vous fournir des conseils pratiques et des exercices concrets que vous pourrez immédiatement mettre en œuvre dans votre propre stratégie de contenu. Que vous partiez de zéro ou que vous cherchiez à optimiser une stratégie existante, vous trouverez ici les outils nécessaires pour élever votre contenu au niveau supérieur.

Prêt à transformer votre contenu ?

Dans les pages qui suivent, nous allons déconstruire les secrets des créateurs de contenu les plus performants et vous montrer comment appliquer ces techniques à votre propre niche. Que vous visiez à augmenter vos ventes, à générer plus de leads ou simplement à créer une communauté engagée autour de votre marque, ce livre vous fournira la feuille de route pour y parvenir.

Préparez-vous à voir votre contenu sous un nouveau jour. Il est temps de passer de la création de simple contenu à la création de contenu qui convertit. Tournez la page et commençons ce voyage passionnant vers la maîtrise du contenu qui transforme les lecteurs en clients fidèles.

Chapitre 1 : Comprendre le parcours client de votre audience

Comprendre votre audience est essentiel pour une stratégie de contenu efficace. Ce chapitre vous présentera deux techniques clés : la création de personas et la cartographie des points de contact. Ces outils vous aideront à créer un contenu ciblé et percutant à chaque étape du parcours de vos lecteurs.

Créer des personas de vos lecteurs idéaux

Définition et importance des personas

Un persona est une représentation semi-fictive de votre lecteur idéal, basée sur des données réelles. Il inclut des informations comportementales, motivations et défis, et permet de :

- Humaniser vos données
- Orienter vos décisions éditoriales

- Créer du contenu plus ciblé
- Améliorer l'engagement

Méthodologie de création de personas

Collecte de données

Pour construire des personas précis :

- Analysez vos statistiques de blog et réseaux sociaux
- Menez des enquêtes et entretiens avec vos lecteurs
- Étudiez les commentaires et interactions sur vos articles

Analyse et segmentation

Une fois les données recueillies, identifiez les segments clés de votre audience, basés sur :

- Démographie
- Comportements de lecture
- Défis et objectifs
- Préférences en contenu

Création des profils

Créez un profil pour chaque segment, incluant :

- Nom et photo
- Démographie : âge, sexe, localisation, profession

- Psychographie : objectifs, défis, frustrations
- Habitudes de consommation de contenu
- Citations fictives reflétant leur attitude

Exemple de persona

Nom : Sarah, entrepreneure digitale

- Démographie : Femme, 32 ans, mariée, Lyon
- Profession : Fondatrice d'une agence de marketing digital
- Objectifs : Développer son agence et établir sa réputation en marketing d'influence
- Défis : Suivre les évolutions des réseaux sociaux, gérer son temps
- Sources d'information : Podcasts professionnels, newsletters, webinaires

Cartographier les points de contact clés

Définition et importance des points de contact

Les points de contact sont chaque interaction entre un lecteur et votre blog. Les cartographier vous aide à :

- Identifier des opportunités d'engagement
- Optimiser l'expérience utilisateur
- Créer une stratégie cohérente
- Mesurer et améliorer l'efficacité de votre contenu

Méthodologie de cartographie

Identification des étapes du parcours

Définissez les étapes clés, telles que :

- Découverte
- Première interaction
- Engagement régulier
- Conversion
- Fidélisation
- Recommandation

Recensement des points de contact

Identifiez les points de contact pour chaque étape :

- Découverte : moteurs de recherche, réseaux sociaux
- Site web : articles de blog, page d'accueil
- Contenus : articles, vidéos, podcasts
- Interactions : commentaires, emails, réseaux sociaux

Analyse de l'efficacité

Évaluez chaque point de contact selon :

- Fréquence d'utilisation
- Impact sur l'engagement et la conversion
- Satisfaction des lecteurs
- Potentiel d'amélioration

Exemple de cartographie pour "Sarah"

- **Découverte** : Article optimisé SEO, post LinkedIn
- **Première interaction** : Lecture de l'article, inscription à la newsletter
- **Engagement** : Ouverture des newsletters, interaction sur Instagram
- **Conversion** : Participation à un webinaire, téléchargement d'e-book
- **Fidélisation** : Participation à un groupe Facebook privé
- **Recommandation** : Partage d'articles sur LinkedIn, témoignage vidéo

Les personas et la cartographie des points de contact sont des outils dynamiques à mettre à jour régulièrement. Une compréhension fine de votre audience vous permettra de créer du contenu qui attire, engage, et fidélise vos lecteurs.

Dans le prochain chapitre, nous aborderons l'art du storytelling pour créer un contenu captivant à chaque étape du parcours de vos lecteurs.

Chapitre 2 : Maîtriser l'art du storytelling pour captiver vos lecteurs

Le storytelling est l'art de raconter des histoires pour captiver, émouvoir et inspirer votre audience. Dans le blogging, c'est un outil puissant pour transformer un contenu ordinaire en une expérience mémorable. Ce chapitre vous guidera dans l'intégration d'histoires personnelles et l'utilisation de techniques narratives pour renforcer l'engagement de vos lecteurs.

Intégrer des histoires personnelles dans votre contenu

L'importance des histoires personnelles

Les histoires personnelles sont essentielles pour :

- Créer une connexion émotionnelle avec vos lecteurs
- Illustrer des concepts abstraits de manière concrète
- Renforcer votre crédibilité et authenticité
- Différencier votre contenu dans un paysage digital saturé

Types d'histoires personnelles à intégrer

Anecdotes de réussite et d'échec

Partagez vos expériences d'apprentissage et vos défis. Ces histoires montrent votre vulnérabilité et rendent votre parcours plus relatable.

Exemple : "Lancer ma première campagne email, je pensais avoir tout optimisé, mais j'ai reçu seulement deux clics sur 1000 envois. Cela m'a poussé à revoir ma stratégie."

Moments de prise de conscience

Relatez les révélations importantes liées à votre niche pour inspirer vos lecteurs.

Défis quotidiens et solutions

Partagez comment vous avez surmonté des obstacles dans votre domaine, offrant ainsi une valeur pratique.

Rencontres inspirantes

Racontez vos interactions avec des mentors ou collègues influents dans votre parcours professionnel.

Techniques pour intégrer efficacement des histoires personnelles

Le principe du "Show, Don't Tell"

Décrivez des scènes vivantes avec des détails sensoriels pour immerger vos lecteurs dans l'expérience.

Mauvais exemple : "J'étais nerveux avant ma présentation."

Bon exemple : "Mes mains tremblaient en ajustant le micro, tandis que le brouhaha de la salle se calmait."

La structure en arc narratif

Structurez vos histoires avec un début accrocheur, un développement avec tension, et une résolution avec la leçon principale.

L'utilisation du dialogue

Intégrez des conversations pour rendre vos histoires dynamiques et immersives.

La pertinence contextuelle

Chaque histoire personnelle doit renforcer un point clé de votre article.

Exercice pratique : Banque d'histoires personnelles

Créez une "banque d'histoires" en :

- Listant 10 moments clés de votre parcours
- Notant le contexte, le défi initial, les actions entreprises, et le résultat ou la leçon
- Identifiant les thèmes principaux
- Associant ces histoires à des sujets potentiels pour vos articles

Utiliser des techniques narratives pour renforcer l'engagement

La structure narrative classique

Adaptez la structure en trois actes :

- Introduction : Présentez le problème ou la question centrale.
- Développement : Explorez les défis et solutions, créez de la tension.

- Conclusion : Offrez la solution ou l'apprentissage clé.

Techniques de narration avancées

Le voyage du héros

Adaptez le concept du "monomythe" en :

- Situation initiale
- Appel à l'aventure
- Refus initial
- Rencontre avec le mentor
- Franchissement du seuil
- Épreuves et alliés
- Crise suprême
- Récompense
- Retour transformé

La tension narrative

Créez du suspense en :

- Posant des questions intrigantes
- Révélant progressivement les informations
- Utilisant des cliffhangers

Le storytelling non-linéaire

Expérimentez avec la chronologie :

- Commencez par la fin et remontez

- Utilisez des flashbacks ou des flash-forwards
- Racontez sous différents angles

Techniques de style pour un storytelling engageant

Variez le rythme

Alternez entre phrases courtes et longues pour un rythme dynamique.

Utilisez des métaphores et des analogies

Comparez des concepts complexes à des expériences familières pour faciliter la compréhension.

Exemple : "Optimiser votre stratégie SEO est comme cultiver un jardin."

Employez des dispositifs littéraires

Utilisez l'allitération, les onomatopées, et la répétition pour plus de vivacité.

Créez des images mentales fortes

Utilisez un langage descriptif et sensoriel pour que vos lecteurs visualisent et ressentent votre histoire.

Exercice pratique : Storytelling appliqué

Choisissez un sujet technique et transformez-le en une histoire :

- Identifiez le concept central
- Créez un personnage avec un problème lié
- Développez un arc narratif avec découverte et application de la solution
- Intégrez des détails sensoriels et des dialogues

Maîtriser le storytelling demande pratique et expérimentation. En intégrant des histoires personnelles authentiques et des techniques narratives avancées, vous transformerez votre contenu en une expérience immersive pour vos lecteurs.

Le storytelling doit toujours servir un objectif plus large : informer, éduquer ou inspirer. Utilisez ces techniques pour amplifier votre message.

Le prochain chapitre explorera comment adapter votre contenu et storytelling à chaque étape du funnel marketing pour créer une stratégie cohérente et convertissante.

Chapitre 3 : Créer du contenu adapté à chaque étape du funnel

Le funnel marketing représente le parcours du client, depuis la découverte de votre marque jusqu'à la conversion et au-delà. Adapter votre contenu à chaque étape de ce parcours est crucial pour guider efficacement vos lecteurs vers la conversion. Ce chapitre se concentre sur deux étapes clés : la sensibilisation et la décision, offrant des stratégies concrètes pour créer du contenu ciblé et performant.

Comprendre le funnel de contenu

Avant de créer du contenu spécifique, il est essentiel de comprendre les étapes du funnel de contenu :

- Sensibilisation (TOFU - Top of the Funnel)
- Considération (MOFU - Middle of the Funnel)
- Décision (BOFU - Bottom of the Funnel)

- Rétention (Post-conversion)

Chaque étape requiert un type de contenu différent, adapté aux besoins de l'audience à chaque phase de leur parcours.

Développer du contenu de sensibilisation pour attirer de nouveaux lecteurs

Le contenu de sensibilisation vise à attirer l'attention et à familiariser votre audience avec votre marque. À ce stade, les lecteurs recherchent généralement des informations générales ou des solutions à des problèmes qu'ils identifient.

Objectifs du contenu de sensibilisation

- Augmenter la visibilité de votre marque
- Établir votre crédibilité et expertise
- Éduquer sur des problématiques générales de votre niche
- Générer du trafic organique vers votre site

Types de contenu efficaces pour la sensibilisation

Articles de blog informatifs

Créez des articles répondant aux questions fréquentes de votre niche. Utilisez des outils comme AnswerThePublic pour identifier les sujets populaires. Par exemple, "10 Tendances Marketing Incontournables pour 2024" peut attirer un large public intéressé par les dernières évolutions du secteur.

Infographies partagées

Transformez des données complexes en infographies visuellement attrayantes. Ces contenus sont hautement partageables sur les réseaux sociaux.

Vidéos explicatives

Créez des vidéos courtes expliquant des concepts de base. Publiez-les sur YouTube et intégrez-les dans vos articles de blog pour une approche multimédia.

Podcasts thématiques

Lancez une série de podcasts sur des sujets généraux dans votre niche. Invitez des experts pour ajouter de la crédibilité et élargir votre audience.

Stratégies pour optimiser le contenu de sensibilisation

SEO optimisé

- Recherchez des mots-clés à longue traîne pour des requêtes spécifiques.
- Optimisez titres, méta-descriptions et structure de contenu pour le référencement.
- Créez du contenu pilier sur les thèmes principaux de votre niche.

Distribution sur les réseaux sociaux

- Adaptez votre contenu pour chaque plateforme (ex : threads sur Twitter, carrousels sur Instagram).
- Utilisez des hashtags pertinents pour accroître la découvrabilité.
- Engagez-vous dans des groupes liés à votre niche.

Collaborations et guest posting

- Identifiez des blogs complémentaires pour des échanges de guest posts.
- Participez à des podcasts en tant qu'invité.
- Collaborez avec des influenceurs pour des contenus co-créés.

Mesure de l'efficacité du contenu de sensibilisation Suivez ces métriques clés :

- Trafic organique
- Temps passé sur la page

- Taux de rebond
- Partages sociaux
- Backlinks générés

Exercice pratique : Création d'un plan de contenu de sensibilisation

- Identifiez 5 questions fréquentes dans votre niche.
- Pour chaque question, planifiez :
    - Un article de blog détaillé (1500+ mots)
    - Une infographie résumant les points clés
    - Une courte vidéo explicative (2-3 minutes)
- Créez un calendrier éditorial pour publier ce contenu sur 5 semaines.
- Élaborer un plan de distribution incluant les plateformes sociales et les communautés cibles.

Créer du contenu de décision pour encourager les conversions

Le contenu de décision cible les lecteurs qui connaissent déjà votre marque et envisagent sérieusement vos solutions. L'objectif est de les convaincre que votre offre est la meilleure option.

Objectifs du contenu de décision

- Différencier votre offre de celle des concurrents
- Fournir des preuves concrètes de la valeur de votre produit/service
- Répondre aux dernières objections ou hésitations
- Faciliter la conversion

Types de contenu efficaces pour la décision

Études de cas détaillées

Présentez des histoires de réussite avec des résultats quantifiables. Structurez-les en "Problème - Solution - Résultats". Exemple : "Comment l'entreprise X a augmenté ses ventes en ligne de 200% en 6 mois grâce à notre stratégie SEO".

Comparatifs produits

Créez des guides comparatifs honnêtes entre votre offre et celles des concurrents, en mettant en avant vos points forts de manière objective.

Démos et tutoriels approfondis

Montrez en détail comment fonctionne votre produit ou service, en utilisant des vidéos, captures d'écran annotées ou webinaires en direct.

FAQs élaborées

Répondez aux questions spécifiques que se posent les clients potentiels à ce stade. Incluez des témoignages pour renforcer vos réponses.

Calculateurs de ROI

Développez des outils interactifs permettant aux prospects de calculer le retour sur investissement potentiel de votre solution.

Stratégies pour optimiser le contenu de décision

Personnalisation

- Segmentez votre audience par intérêts ou défis spécifiques.
- Créez des versions de votre contenu adaptées à chaque segment.
- Utilisez la dynamisation de contenu pour afficher le plus pertinent.

Social proof

- Intégrez des avis clients vérifiés.
- Affichez des logos de clients reconnus ou des certifications.

- Incluez des statistiques de satisfaction client.

Urgence et rareté

- Créez des offres limitées dans le temps.
- Mettez en avant la disponibilité limitée de certains produits ou services.
- Utilisez des compteurs ou des barres de progression pour visualiser l'urgence.

Optimisation des chemins de conversion

- Simplifiez les formulaires de contact ou de commande.
- Implémentez des chatbots pour répondre aux questions en temps réel.
- Créez des landing pages spécifiques pour chaque offre ou segment d'audience.

Mesure de l'efficacité du contenu de décision Surveillez ces indicateurs :

- Taux de conversion
- Valeur moyenne des commandes
- Taux d'abandon de panier
- Temps passé sur les pages de décision
- Nombre de questions posées avant la conversion

Exercice pratique : Création d'une suite de contenu de décision

- Choisissez votre produit ou service phare.
- Créez :
    - Une étude de cas détaillée d'un client satisfait
    - Un guide comparatif avec vos principaux concurrents
    - Une vidéo démonstration approfondie
    - Une FAQ de 20 questions spécifiques au produit
- Développez une landing page optimisée intégrant ces éléments.
- Réalisez un test A/B sur deux versions de cette landing page.
- Élaborer un plan de nurturing email pour guider les prospects vers cette page.

Créer du contenu adapté à chaque étape du funnel est une démarche stratégique qui nécessite une compréhension approfondie de votre audience et de son parcours. En développant un contenu de sensibilisation engageant et informatif, vous attirerez de nouveaux lecteurs dans votre écosystème. Avec un contenu de décision convaincant, vous les guiderez efficacement vers la conversion.

Le succès repose sur l'équilibre et la cohérence. Votre contenu doit offrir un parcours fluide, du premier contact à la décision d'achat. Testez, mesurez et ajustez constamment votre stratégie.

Dans le prochain chapitre, nous explorerons comment optimiser vos appels à l'action (CTA) pour maximiser l'impact de votre contenu à chaque étape du funnel.

Chapitre 4 : Optimiser vos appels à l'action (CTA)

Un appel à l'action (CTA) efficace est crucial pour convertir les visiteurs en membres actifs ou clients. Il guide les lecteurs vers une action spécifique, comme s'abonner à une newsletter, télécharger un guide ou acheter un produit. Pour maximiser l'impact d'un CTA, il est essentiel de prêter attention au design, au placement, à la formulation, et aux tests d'optimisation.

Design attractif et stratégique

Forme et taille

Le design d'un CTA doit être immédiatement visible et attractif. Les boutons sont souvent les plus efficaces pour des actions directes telles que "Téléchargez maintenant" ou "Inscrivez-vous". La taille du bouton doit être assez grande pour être vue sans être intrusive. Pour les bannières et pop-ups, assurez-vous qu'ils attirent l'attention sans nuire à l'expérience utilisateur.

Couleurs

Les couleurs jouent un rôle clé dans la visibilité du CTA. Choisissez des couleurs qui contrastent fortement avec le reste de la page pour attirer l'œil. Les couleurs vives comme le rouge, le vert ou le bleu sont souvent efficaces, mais elles doivent être harmonisées avec le design global de votre site. Évitez les couleurs qui se fondent dans le fond de la page.

Éléments visuels

Les formes des CTA peuvent également influencer leur attrait. Les boutons arrondis sont souvent perçus comme plus accueillants, tandis que les formes angulaires peuvent sembler plus solides et affirmatives. Utilisez des éléments visuels comme des icônes pour renforcer le message du CTA, mais sans surcharger le design.

Placement stratégique

Zones clés

Placez vos CTA dans des endroits visibles pour maximiser leur impact. Les positions idéales incluent le haut de la page, la fin des articles, et dans la barre latérale. Ces emplacements garantissent que les CTA sont visibles tout au long de la navigation. Vous pouvez également les intégrer directement dans le contenu pour capter l'attention des visiteurs au moment où ils sont le plus engagés.

Intégration dans le contenu

Les CTA placés dans le corps du texte, au milieu des articles, peuvent capter l'attention des lecteurs au moment où leur intérêt est à son maximum. Assurez-vous que ces CTA sont bien intégrés au contenu et ne perturbent pas la lecture.

Pop-ups de sortie

Les pop-ups de sortie apparaissent lorsque le visiteur est sur le point de quitter la page. Utilisez-les avec parcimonie pour offrir une dernière opportunité d'engagement, comme une offre spéciale ou une réduction exclusive. Ces pop-ups peuvent être un moyen efficace d'attraper les visiteurs avant qu'ils ne partent, mais veillez à ne pas en abuser pour éviter de perturber l'expérience utilisateur.

Formulation percutante

Verbes d'action

La formulation de votre CTA est cruciale pour inciter les visiteurs à agir. Utilisez des verbes d'action directs comme "Téléchargez", "Découvrez" ou "Inscrivez-vous". Ces verbes doivent être clairs et indiquer précisément ce que l'utilisateur doit faire.

Urgence

Créez un sentiment d'urgence pour encourager une réponse rapide. Utilisez des phrases comme "Offre limitée" ou "Agissez maintenant" pour motiver les visiteurs à passer à l'action sans délai. Un sentiment d'urgence peut être renforcé par des délais ou des quantités limitées.

Personnalisation

Adaptez les CTA aux besoins spécifiques des visiteurs pour augmenter leur efficacité. Par exemple, des messages tels que "Obtenez votre réduction maintenant" ou "Rejoignez notre communauté d'experts" peuvent résonner davantage avec les utilisateurs. L'utilisation de la première personne dans les CTA, comme "Je veux en savoir plus", peut également rendre le message plus engageant et personnel.

Testez et optimisez

Tests A/B

L'optimisation des CTA est un processus continu. Utilisez des tests A/B pour comparer différentes versions de vos CTA. Testez des variations dans le design, les couleurs, et les formulations pour déterminer lesquelles sont les plus efficaces. Les tests A/B vous permettent de voir quelles versions obtiennent le plus de clics et de conversions.

Analyse des résultats

Analysez les résultats des tests pour comprendre ce qui fonctionne le mieux. Les données recueillies vous aideront à ajuster et affiner vos CTA. Les métriques clés à surveiller incluent le taux de clics (CTR) et le taux de conversion. En utilisant ces informations, vous pouvez apporter des modifications basées sur des données concrètes.

Optimisation continue

L'optimisation des CTA doit être un processus continu. Même après avoir trouvé des CTA performants, continuez à tester et à ajuster pour répondre aux évolutions des préférences des utilisateurs et aux tendances du marché. Cette approche proactive garantit que vos CTA restent efficaces et pertinents.

Importance du suivi et de l'ajustement

Suivi analytique

Utilisez des outils analytiques pour suivre la performance de vos CTA. Mesurez des indicateurs clés tels que le taux de clics, le taux de conversion, et le temps passé sur la page après le clic. Ces données offrent des insights précieux sur le comportement des utilisateurs et l'efficacité des CTA.

Ajustements

Ajustez vos CTA en fonction des performances observées. Si certains CTA ne performent pas comme prévu, analysez les raisons et modifiez-les en conséquence. Cela peut inclure des ajustements de design, de placement, ou de formulation pour mieux répondre aux attentes et aux besoins de vos visiteurs.

Bonnes pratiques pour les CTA

Clarté

Assurez-vous que votre CTA est clair et compréhensible. Évitez les termes ambigus ou le jargon qui pourraient confondre les visiteurs. Le message doit être simple et direct pour faciliter la compréhension et l'action.

Visibilité

Les CTA doivent être suffisamment visibles sans être envahissants. Utilisez des éléments visuels qui les rendent distincts et attrayants. La visibilité est essentielle pour que les visiteurs remarquent et interagissent avec le CTA.

Pertinence

Le CTA doit être pertinent par rapport au contenu environnant et aux intérêts des visiteurs. Un CTA bien ciblé, en rapport avec ce que les visiteurs recherchent ou ce qui les intéresse, aura plus de chances de succès.

En résumé, un CTA efficace est essentiel pour convertir les visiteurs en membres actifs ou clients. Pour maximiser son impact, concentrez-vous sur le design attractif, le placement stratégique, la formulation percutante, et les tests d'optimisation continus. En suivant les meilleures pratiques et en ajustant vos CTA en fonction des données, vous pouvez améliorer l'engagement des visiteurs et maximiser les conversions.

Chapitre 5 : Utiliser la psychologie du contenu pour influencer les décisions

Dans le monde du marketing de contenu, comprendre les mécanismes psychologiques qui sous-tendent les décisions de vos lecteurs est crucial. Ce chapitre vous guidera à travers l'application de deux principes psychologiques puissants : la preuve sociale et le duo rareté-urgence. En maîtrisant ces concepts, vous serez en mesure de créer un contenu qui résonne profondément avec votre audience et influence subtilement leurs choix.

Appliquer les principes de la preuve sociale

La preuve sociale, concept popularisé par le psychologue Robert Cialdini, repose sur l'idée que les individus ont tendance à adopter les comportements et les croyances de leurs pairs. En d'autres termes, nous sommes plus enclins à faire quelque chose si nous voyons que d'autres le font déjà. Voici comment intégrer ce principe dans votre contenu :

Témoignages et études de cas

Les témoignages authentiques sont l'une des formes les plus puissantes de preuve sociale. Pour les rendre vraiment efficaces :

- Privilégiez la spécificité : Au lieu d'un vague "Ce produit est génial !", optez pour "Grâce à ce logiciel, j'ai augmenté ma productivité de 37% en seulement 2 semaines".
- Utilisez des photos réelles : Un visage associé à un témoignage augmente considérablement sa crédibilité.
- Variez les profils : Présentez des témoignages de différents segments de votre audience pour que chaque lecteur puisse s'identifier.

Exercice pratique : Créez une page "Success Stories" sur votre site. Pour chaque témoignage, incluez :

- Une photo du client
- Une citation percutante
- Un bref récit de leur parcours
- Des résultats chiffrés

Indicateurs sociaux

Les chiffres peuvent être de puissants vecteurs de preuve sociale. Intégrez-les dans votre contenu de manière stratégique :

- Nombre d'utilisateurs : "Rejoignez les 100 000+ professionnels qui utilisent notre outil chaque jour"
- Statistiques d'utilisation : "Plus de 1 million de documents créés sur notre plateforme"
- Taux de satisfaction : "98% de nos clients nous recommandent"

Astuce : Utilisez des compteurs en temps réel pour dynamiser ces chiffres et créer un sentiment de mouvement et de popularité.

Mentions et collaborations

Associez-vous à des personnalités ou des marques reconnues dans votre domaine :

- Citations d'experts : Intégrez des avis d'experts respectés dans vos articles.
- Logos de clients : Affichez les logos de vos clients les plus prestigieux (avec leur autorisation).
- Collaborations : Mentionnez vos partenariats avec des institutions respectées ou des événements reconnus.

Exercice pratique : Créez une infographie "Notre écosystème" montrant visuellement vos collaborations, partenariats et mentions notables. Utilisez-la dans vos présentations et sur vos réseaux sociaux.

Preuve sociale en temps réel

Le FOMO (Fear Of Missing Out) est un puissant moteur de décision. Utilisez des outils qui montrent l'activité en temps réel sur votre site :

- Notifications de ventes récentes : "Julie vient d'acheter le cours XYZ il y a 5 minutes"
- Compteurs de visiteurs : "253 personnes consultent actuellement cette offre"
- Barres de progression : "87% des places pour notre prochain webinaire sont déjà réservées"

Attention : Utilisez ces éléments avec parcimonie pour éviter de surcharger l'expérience utilisateur.

Exploiter le pouvoir de la rareté et de l'urgence

La rareté et l'urgence sont deux concepts étroitement liés qui jouent sur notre peur de manquer une opportunité. Voici comment les intégrer efficacement dans votre contenu :

Créer une offre limitée dans le temps

L'urgence pousse à l'action. Utilisez-la judicieusement :

- Compteurs de décompte : Affichez un minuteur pour les offres à durée limitée.
- Dates limites claires : "Cette offre expire le 15 juin à minuit"
- Mises à jour en temps réel : "Plus que 3 heures pour profiter de -50% !"

Exercice pratique : Créez une "Offre Flash" mensuelle. Choisissez un produit ou service, offrez une réduction significative, et limitez l'offre à 24 ou 48 heures. Communiquez intensivement pendant cette période.

Limiter la quantité

La rareté augmente la valeur perçue. Appliquez ce principe ainsi :

- Éditions limitées : Créez des versions spéciales de vos produits en quantité restreinte.
- Places limitées : Pour les événements ou formations, affichez clairement le nombre de places disponibles.
- Stock en temps réel : Montrez le nombre d'articles restants pour les produits populaires.

Astuce : Combinez quantité et temps limités pour un effet maximal. "Seulement 50 exemplaires disponibles - Offre valable 72 heures"

Utiliser un langage d'exclusivité

Les mots ont un pouvoir. Choisissez-les soigneusement pour évoquer la rareté :

- "Exclusif" : Souligne le caractère unique de votre offre.
- "Membres seulement" : Crée un sentiment d'appartenance.
- "Sur invitation uniquement" : Augmente la désirabilité.

Exemple : Transformez une simple newsletter en "Club Insider : Informations exclusives réservées à nos membres les plus engagés"

Créer des fenêtres d'opportunité

Structurez vos offres autour d'événements ou de périodes spécifiques :

- Ventes saisonnières : "Offre de printemps - 2 semaines seulement"
- Anniversaires : "Célébrez nos 5 ans avec 50% de réduction - Ce week-end uniquement"
- Lancements : "Tarif early-bird pour les 100 premiers inscrits"

Exercice pratique : Créez un calendrier marketing annuel avec au moins 4 "fenêtres d'opportunité" majeures. Planifiez votre contenu et vos offres autour de ces périodes.

Utiliser la rareté dans votre contenu éditorial

La rareté ne s'applique pas qu'aux produits. Utilisez-la dans votre stratégie de contenu :

- Webinaires en direct limités : "Seulement 100 places disponibles pour notre masterclass gratuite"
- Contenu éphémère : Utilisez les stories Instagram ou Facebook pour du contenu qui disparaît après 24h
- Bonus limités : "Les 50 premiers à commenter cet article recevront un guide PDF exclusif"

Attention à l'authenticité

Si la rareté et l'urgence sont puissantes, elles doivent être utilisées avec éthique :

- Soyez honnête : Ne créez pas de fausse rareté. Si vous dites qu'il ne reste que 10 articles, que ce soit vrai.
- Évitez la surutilisation : Trop d'urgence peut créer de la fatigue et de la méfiance chez vos lecteurs.

- Offrez une réelle valeur : La rareté doit s'appliquer à quelque chose que votre audience désire vraiment.

Intégration et mesure

Pour tirer le meilleur parti de ces techniques psychologiques, intégrez-les de manière cohérente et mesurez leur efficacité :

1. Audit de contenu : Passez en revue votre contenu existant et identifiez les opportunités d'intégrer la preuve sociale, la rareté et l'urgence.
2. Plan d'action : Créez un plan pour incorporer progressivement ces éléments dans votre stratégie de contenu.
3. Tests A/B : Comparez les performances de votre contenu avec et sans ces éléments psychologiques.
4. Suivi des métriques : Surveillez de près les taux de conversion, le temps passé sur la page, et les taux d'engagement après l'intégration de ces techniques.
5. Feedback qualitatif : Sollicitez les retours de vos lecteurs et clients sur leur expérience avec votre contenu.

En conclusion, l'utilisation judicieuse de la psychologie du contenu, en particulier la preuve sociale, la rareté et l'urgence, peut considérablement augmenter l'efficacité de votre marketing de contenu. Cependant, rappelez-vous toujours que ces techniques doivent être utilisées de manière éthique et authentique, en gardant toujours à l'esprit les besoins et les intérêts de votre audience. En trouvant le bon équilibre, vous créerez un contenu qui non seulement attire et convertit, mais qui construit également une relation de confiance durable avec vos lecteurs.

Chapitre 6 : Créer des lead magnets irrésistibles

Dans le marketing digital, les lead magnets attirent votre audience cible en échange de leurs informations de contact. Un lead magnet efficace est crucial pour bâtir une liste d'emails de qualité et dynamiser vos ventes. Ce chapitre explore comment créer des lead magnets irrésistibles et optimiser vos pages de capture pour maximiser les inscriptions.

Concevoir des ressources gratuites de haute valeur

Identifier les besoins de votre audience

Comprenez ce que recherche votre audience :

- Analysez les commentaires sur vos blogs et réseaux sociaux
- Envoyez des sondages à votre liste email

- Utilisez des outils comme Answer the Public
- Étudiez les forums et groupes de discussion

Exercice pratique : Créez un "mur des besoins" virtuel avec des outils comme Miro ou Trello.

Choisir le format adapté

Le format doit correspondre à votre contenu et aux préférences de votre audience :

- E-book ou guide PDF
- Checklist ou template
- Vidéo de formation
- Webinaire
- Cours par email
- Outil ou calculateur en ligne
- Essai gratuit

Astuce : Proposez le contenu dans plusieurs formats pour diversifier les préférences d'apprentissage.

Créer un contenu de qualité supérieure

Votre lead magnet doit dépasser les attentes :

- Fournissez des informations exclusives
- Incluez des données originales

- Offrez des outils ou des templates prêts à l'emploi
- Apportez une solution rapide

Exemple : Créez un kit complet avec un template de CV, une checklist, et une vidéo de conseils d'experts.

Rendre votre lead magnet actionnable

Permettez d'obtenir un résultat concret rapidement :

- Divisez le contenu en étapes claires
- Incluez des exemples et des études de cas
- Ajoutez des exercices pratiques

Exercice pratique : Créez un "plan d'action en 5 étapes" pour votre lead magnet.

Donner un titre accrocheur

Attirez l'attention avec un titre percutant :

- Utilisez des chiffres : "7 secrets pour doubler votre trafic web en 30 jours"
- Promettez un résultat spécifique : "Le guide ultime pour lancer votre podcast"
- Jouez sur la curiosité : "La technique méconnue qui a transformé mon business"

- Utilisez des mots-clés émotionnels : "Libérez-vous du stress financier avec notre calculateur de budget"

Astuce : Testez 5 à 10 titres pour chaque lead magnet.

Assurer une présentation professionnelle

L'apparence est cruciale :

- Utilisez un design professionnel (outils comme Canva)
- Assurez-vous de la compatibilité avec tous les appareils
- Incluez votre branding de manière cohérente
- Ajoutez une table des matières cliquable pour les PDF

Optimiser vos pages de capture pour maximiser les inscriptions

Créer une landing page dédiée

Chaque lead magnet doit avoir sa propre page optimisée :

- URL claire et descriptive
- Page chargée rapidement

- Optimisation mobile
- Éliminez les distractions

Écrire une copie persuasive

Convainquez les visiteurs de la valeur de votre lead magnet :

- Commencez par un headline accrocheur
- Utilisez des bullet points pour les avantages
- Incluez une description concise
- Ajoutez une preuve sociale

Exemple de structure :

- **Headline** : "Découvrez comment 1000+ entrepreneurs ont doublé leur productivité"
- **Sous-titre** : "Guide gratuit : Les 5 habitudes secrètes des entrepreneurs ultra-productifs"
- **Bullet points** :
  - Gérez votre temps comme un pro
  - Découvrez l'outil révolutionnaire
  - Maîtrisez la technique du "deep work"

Optimiser votre formulaire d'inscription

Le formulaire est crucial :

- Minimisez les champs
- Utilisez des labels clairs
- Ajoutez une mention de confidentialité
- Testez différentes couleurs et tailles pour le bouton d'action

Exercice pratique : Créez 3 versions différentes de votre formulaire pour tester l'efficacité.

Ajouter des éléments visuels percutants

Les visuels augmentent les conversions :

- Incluez une image ou une maquette 3D
- Ajoutez une courte vidéo explicative
- Utilisez des icônes et photos pertinentes

Astuce : Montrez des pages intérieures pour donner un aperçu du contenu.

Utiliser des éléments de preuve sociale

La preuve sociale rassure :

- Affichez le nombre de téléchargements
- Intégrez des témoignages

- Montrez les logos des médias

Créer un sentiment d'urgence ou de rareté

Encouragez l'action immédiate :

- Limitez les téléchargements
- Offrez un bonus pour les premiers inscrits
- Utilisez un compte à rebours

Attention : Assurez-vous que les éléments d'urgence sont authentiques.

Optimiser pour le SEO

Ne négligez pas le SEO :

- Utilisez un titre H1 avec le mot-clé principal
- Optimisez les balises meta
- Incluez le mot-clé dans l'URL
- Ajoutez du texte alternatif aux images

Tester et itérer continuellement

L'optimisation est un processus continu :

- Utilisez Google Analytics pour suivre les performances
- Faites des tests A/B

- Collectez des feedbacks et analysez les points de friction

Exercice final : Créez un "tableau de bord d'optimisation" pour suivre les performances de vos lead magnets.

Créer des lead magnets irrésistibles et optimiser vos pages de capture sont des compétences clés du marketing digital moderne. Offrez une valeur exceptionnelle et perfectionnez l'expérience de capture pour bâtir une liste d'emails engagée. Continuez à tester, apprendre, et affiner votre approche pour des résultats toujours meilleurs.

Chapitre 7 : Mettre en place une stratégie de nurturing efficace

Le nurturing est un processus essentiel pour transformer vos prospects en clients fidèles. Une stratégie de nurturing bien conçue permet de cultiver la relation avec vos leads, de les éduquer sur vos produits ou services, et de les guider progressivement vers l'achat. Dans ce chapitre, nous explorerons les étapes clés pour mettre en place une stratégie de nurturing efficace, en mettant l'accent sur la segmentation de votre audience et la création de séquences d'e-mails personnalisées.

Segmenter votre audience pour un ciblage précis

La segmentation est la pierre angulaire d'une stratégie de nurturing réussie. Elle vous permet d'adapter votre communication aux besoins spécifiques de chaque groupe de prospects.

Identifier les critères de segmentation pertinents

Commencez par déterminer les critères les plus pertinents pour votre activité :

- Données démographiques : âge, sexe, localisation, profession
- Comportement sur votre site web : pages visitées, temps passé, actions effectuées
- Historique d'achat : produits achetés, fréquence d'achat, valeur moyenne du panier
- Engagement avec vos communications : taux d'ouverture des e-mails, clics sur les liens
- Stade dans le parcours d'achat : découverte, considération, décision
- Intérêts et préférences : sujets consultés, types de contenu préférés

Exercice pratique : Créez une matrice de segmentation en listant tous les critères possibles sur un axe et leur pertinence pour votre activité sur l'autre. Notez chaque critère de 1 à 5 pour identifier les plus importants.

Utiliser des outils d'analyse pour affiner votre segmentation

Exploitez les données à votre disposition pour créer des segments précis :

- Analysez les données de votre CRM et de votre plateforme d'e-mail marketing
- Utilisez Google Analytics pour comprendre le comportement de vos visiteurs
- Mettez en place des outils de tracking avancés comme Hotjar ou Mixpanel
- Créez des personas détaillés pour chaque segment principal

Mettre en place une segmentation dynamique

La segmentation n'est pas figée. Mettez en place un système qui permet de déplacer automatiquement les contacts d'un segment à l'autre en fonction de leur comportement :

- Définissez des règles de déclenchement basées sur des actions spécifiques
- Utilisez le lead scoring pour évaluer l'engagement de vos prospects
- Mettez à jour régulièrement vos segments en fonction des nouvelles données

Créer des séquences d'e-mails personnalisées pour chaque segment

Une fois vos segments définis, il est temps de créer des séquences d'e-mails adaptées à chaque groupe.

Définir les objectifs de chaque séquence

Avant de commencer à rédiger, déterminez l'objectif principal de chaque séquence :

- Éduquer les prospects sur un problème spécifique
- Présenter les avantages de votre solution
- Encourager l'essai d'un produit ou service
- Réactiver des contacts inactifs
- Fidéliser les clients existants

Planifier le contenu et la structure de vos séquences

Créez un plan détaillé pour chaque séquence :

- Déterminez le nombre d'e-mails dans la séquence (généralement entre 5 et 10)
- Définissez l'intervalle entre chaque e-mail (quotidien, hebdomadaire, etc.)

- Choisissez un thème ou un message clé pour chaque e-mail
- Prévoyez une progression logique du contenu

Exemple de structure pour une séquence de 7 e-mails destinée aux nouveaux inscrits :

1. E-mail de bienvenue et présentation de votre entreprise
2. Identification du problème principal du prospect
3. Présentation de votre solution et de ses avantages uniques
4. Témoignage client et étude de cas
5. Réponse aux objections courantes
6. Offre spéciale ou démonstration gratuite
7. Récapitulatif et invitation à passer à l'action

Rédiger des e-mails percutants

Pour chaque e-mail de la séquence :

- Créez un objet accrocheur qui donne envie d'ouvrir l'e-mail
- Commencez par un hook puissant qui capte l'attention dès les premières lignes
- Utilisez un ton et un style adaptés à votre segment cible
- Personnalisez le contenu en utilisant les informations disponibles sur le contact

- Incluez des éléments visuels pertinents (images, infographies, GIFs)
- Terminez par un appel à l'action (CTA) clair et incitatif

Astuce : Créez une "bibliothèque de contenu" avec des blocs de texte, des images et des CTAs réutilisables pour faciliter la création de vos e-mails.

Optimiser vos e-mails pour la conversion

- Utilisez des techniques de copywriting persuasif (AIDA, PAS, etc.)
- Mettez en avant les bénéfices plutôt que les caractéristiques
- Incluez des éléments de preuve sociale (témoignages, logos de clients, etc.)
- Testez différentes versions de vos e-mails (A/B testing) sur l'objet, le contenu et les CTAs

Automatiser vos séquences

Utilisez un outil d'automatisation marketing pour mettre en place vos séquences :

- Configurez les déclencheurs d'entrée dans chaque séquence
- Définissez les conditions de sortie ou de passage à une autre séquence

- Mettez en place des points de décision basés sur le comportement des contacts

Mesurer et optimiser vos performances

Suivez régulièrement les indicateurs clés de performance (KPIs) de vos séquences :

- Taux d'ouverture et de clic pour chaque e-mail
- Taux de conversion global de la séquence
- Taux de désabonnement
- Engagement à long terme des contacts

Exercice pratique : Créez un tableau de bord pour suivre les performances de chaque séquence. Identifiez les e-mails les plus performants et ceux qui nécessitent des améliorations.

Enrichir continuellement votre stratégie de nurturing

- Créez de nouvelles séquences pour répondre à des besoins spécifiques identifiés
- Intégrez du contenu interactif (quiz, calculateurs, etc.) dans vos e-mails
- Expérimentez avec différents formats (vidéos, webinaires, podcasts)

- Sollicitez régulièrement les feedbacks de vos contacts pour améliorer votre contenu

En conclusion, une stratégie de nurturing efficace repose sur une segmentation précise de votre audience et la création de séquences d'e-mails personnalisées et engageantes. En suivant ces étapes et en optimisant continuellement vos performances, vous construirez des relations solides avec vos prospects et augmenterez significativement vos taux de conversion. N'oubliez pas que le nurturing est un processus à long terme qui nécessite de la patience et de la persévérance. Restez à l'écoute de votre audience, adaptez-vous à ses besoins changeants, et vous verrez vos efforts récompensés par une base de clients fidèles et engagés.

Conclusion : Maîtriser l'Art du Contenu qui Convertit

Au terme de ce voyage à travers les méandres du contenu qui convertit, nous avons exploré ensemble les stratégies et techniques essentielles pour transformer votre audience en clients fidèles. De la compréhension approfondie de votre parcours client à la mise en place de stratégies de nurturing sophistiquées, chaque chapitre vous a fourni des outils concrets pour élever votre marketing de contenu à un niveau supérieur.

Rappelons les piliers fondamentaux que nous avons abordés :

1. La connaissance intime de votre audience, incarnée par des personas détaillés, est la pierre angulaire de tout contenu percutant.
2. Le storytelling, véritable alchimie narrative, transforme l'information brute en expériences mémorables qui résonnent avec vos lecteurs.

3. L'adaptation de votre contenu à chaque étape du funnel assure une progression fluide du premier contact à la conversion.
4. Des appels à l'action optimisés agissent comme des ponts stratégiques, guidant vos lecteurs vers les actions désirées.
5. L'application judicieuse des principes psychologiques influence subtilement les décisions de votre audience.
6. Des lead magnets irrésistibles ouvrent les portes de la confiance et de l'engagement à long terme.
7. Une stratégie de nurturing bien huilée cultive et renforce la relation avec vos prospects, les menant naturellement vers la conversion.

Mais au-delà de ces techniques, retenez ceci : le contenu qui convertit est avant tout une conversation continue avec votre audience. C'est un dialogue où vous écoutez autant que vous parlez, où vous apportez de la valeur avant de demander quoi que ce soit en retour.

Dans un paysage digital en constante évolution, votre capacité à créer du contenu qui convertit sera votre atout le plus précieux. Elle vous permettra non seulement d'attirer l'attention dans un monde saturé d'informations, mais aussi de construire des relations durables avec votre audience.

Alors que vous fermez ce livre, rappelez-vous que la maîtrise du contenu qui convertit est un processus continu. Les stratégies que vous avez apprises ne sont pas des formules magiques, mais des outils puissants qui nécessitent pratique, expérimentation et adaptation.

Voici quelques conseils finaux pour continuer votre progression :

1. Restez curieux et à l'écoute de votre audience. Leurs besoins et comportements évoluent, votre contenu doit suivre.
2. N'ayez pas peur d'expérimenter. Les plus grandes réussites naissent souvent d'approches innovantes.
3. Mesurez, analysez, optimisez. Laissez les données guider vos décisions, mais n'oubliez pas la touche humaine.
4. Cultivez l'authenticité. Dans un monde digital, la sincérité est votre meilleur différenciateur.
5. Investissez dans la qualité. Un contenu exceptionnel sera toujours votre meilleur ambassadeur.

En fin de compte, créer du contenu qui convertit n'est pas qu'une question de techniques ou de stratégies. C'est l'art de tisser des connexions significatives, d'apporter de la valeur réelle et de guider votre audience vers des décisions qui enrichissent leur vie autant que votre entreprise.

Alors, armé de ces connaissances et inspiré par les possibilités, lancez-vous. Créez, testez, apprenez, et surtout, n'oubliez jamais la raison d'être de votre contenu : servir votre audience. Car c'est en les servant avec excellence que vous récolterez les fruits de votre labeur.

Le voyage ne fait que commencer. Que chaque mot que vous écrirez désormais soit une étape vers la construction d'une communauté engagée, fidèle et florissante. Votre contenu a le pouvoir de changer des vies. Utilisez-le avec sagesse, créativité et passion.

À vous de jouer. Le monde attend votre contenu qui convertit.

www.ingramcontent.com/pod-product-compliance
Lightning Source LLC
Chambersburg PA
CBHW052141220526
45471CB00004B/1479